Vorwort

Mit diesem Buch fasst Hildgard Weiden ihre in vielen Jahren im Erstlese- und Erstschreibunterricht gewonnenen Erfahrungen zusammen. Auf der Grundlage der Kommunikationstheorie erklärt sie zunächst, was Lesen und was Schreiben ist, um aus diesen Definitionen Konsequenzen für den Unterricht abzuleiten. Die am Lese- und Schreiblernprozess beteiligten Teilfunktionen werden aufgeschlüsselt. Aus diesen Teilfunktionen ergeben sich die Voraussetzungen, die beim einzelnen Kind erfüllt sein müssen, damit es überhaupt lesen und schreiben lernen kann. Das vorliegende Buch bietet in überwältigender Klarheit und Fülle Hilfen an, damit jeder Lehrer und jede Lehrerin

- feststellen kann, welche Voraussetzungen bei welchem Kind in welchem Umfang erfüllt sind,
- auf Grund dieser Feststellungen Maßnahmen individueller Förderung ergreifen kann.

Hier wird nicht nur erklärt, dass und warum individualisiert werden muss, sondern vor allen Dingen auch wie. Endlich wird eine theoretisch fundierte Praxis angeboten, die auf die Hürden im Lese-/Schreiblernprozess abgestellt ist und deshalb die Angst vor dem Anfangsunterricht nehmen kann.

Wer die hier niedergelegten Ratschläge befolgt, wird erfahren, dass die Kinder insgesamt schneller, besser, sicherer lesen und richtiger schreiben lernen.

Die Verknüpfung des hier beschriebenen systematischen Ansatzes mit dem individuellen Lerngang jedes einzelnen Kindes sichert einen auf Ermutigung und Erfolg für jedes Kind hin angelegten Unterricht. Auf Lehrgangsgleichschritt für unterschiedlich lernende und unterschiedlich fortgeschrittene Kinder wird verzichtet.

Gabriele Krichbaum

Inhalt

Zeichenerklärung

/ / Notation für ein Phonem (kleinste bedeutungsunterscheidende, aber nicht selbst bedeutungstragende lautliche Einheit, z. B. /b/ in „Bein“ im Unterschied zu /p/ in „Pein“)

⟨ ⟩ Notation für ein Graphem (kleinstes bedeutungsunterscheidendes Schriftzeichen, das ein oder mehrere Phoneme wiedergibt)

Lesen lernen ist wichtig

Die größte Erwartungshaltung zeigt der Schulanfänger für das Lesenlernen. Das Kind ist davon überzeugt, rechnen zu können. Schließlich geht es mit Geld um, wenn es zu kleinen Einkäufen geschickt wird. Viele Kinder erhalten bereits Taschengeld. Sie können die einzelnen Münzarten voneinander unterscheiden und addieren bereits ihre Werte. Viele schreiben häufig schon Zahlen, sie können auch kleine Rechenoperationen gedanklich oder mit Hilfe der Finger vornehmen, so dass ein Bedürfnis, im mathematischen Bereich mehr zu erlernen, bei Schulbeginn oft nicht besteht.

Dass sie nicht so schreiben können wie Eltern und Geschwister, ist den Kindern bewusst. Doch sie gleichen diesen Mangel durch ihre Fantasie aus. Viele Kinder „schreiben" schon im Vorschulalter Briefe und „lesen" diese gemäß ihrer spontanen Eingebung vor. Sie kennen Druckbuchstaben, schreiben oft schon ihren Namen in großen Lettern und haben auf Grund ihres Könnens eine recht selbstbewusste Haltung zum eigenen Vermögen.

Dagegen wissen sie recht gut, dass sie nicht lesen können. Immer wieder müssen sie ältere Kinder oder Erwachsene fragen, wenn sie mehr als Bilder oder bekannte Zeichen identifizieren wollen. Der Bär in der Fernsehzeitschrift hilft ihnen zwar beim Ausfindigmachen der Kindersendungen, aber ihre optisch ausgerichtete Umwelt konfrontiert sie ständig mit Zeichen, die sie nicht entziffern können. Sie sehen zu Hause Zeitungen, Illustrierte, Reklame und Briefsendungen. Lesen scheint also im Leben des Menschen eine wichtige Funktion zu haben.

Das schulreife Kind drängt darauf, möglichst schnell in die Lesewelt aufgenommen zu werden. Es gilt, diese Motivationsphase für den Leseprozess zu nutzen und sie langfristig zu erhalten, um dem Kind durch das Lesen eigenes Lernen und ständig wachsendes Wissen zu ermöglichen.

Lesenlernen ist jedoch ein schwieriges Unterfangen. Es wird einerseits ermöglicht durch einen gewissen Grad von Reife, von Bereitschaft, die das Kind im Allgemeinen bei Schuleintritt mehr oder weniger erreicht hat. Andererseits ist es abhängig vom Funktionieren verschiedener organischer Abläufe im Auge, im Ohr, im Mundbereich, gesteuert durch das Gehirn.

Lesen können ermöglicht Kommunikation

Es gibt zahlreiche Ausführungen und Definitionen von Lesen, die das Umwandeln von Zeichen und Symbolen in einen Sinngehalt besonders hervorheben. In anderen wird zum Ausdruck gebracht, dass Lesen ein Mittel zum Zweck ist, ein Weg der Kommunikation.

Die kommunikative Sichtweise von Lesen stützt sich auf Untersuchungen aus der Nachrichtenübermittlung. Hiernach sind das gesprochene, geschriebene und gedruckte Wort Kommunikationsformen neben anderen wie Kopfnicken, Gesten, Aufleuchten einer Signallampe, Rauch- und Flaggenzeichen, Hören von Musik. Mit Hilfe all dieser Zeichen werden Informationen übermittelt.

Als Quelle kann man sich den Rundfunk vorstellen, der über seinen Sender Musik verbreitet. Sie ist an anonyme Hörer gerichtet. Der Hörer oder Empfänger ist gleichzeitig der Adressat oder das Ziel. Er kann auf die Musiksendung unterschiedlich reagieren: Er kann die Musik intensiv in sich aufnehmen, sie mitsummen, sie an sich vorbeirauschen lassen oder auch das Radio abstellen.

Eine *sprachliche* Kommunikationskette fordert Sender und Empfänger weitaus mehr.

Beim **Sprechen** sind Quelle und Sender mit dem Sprecher gleichzusetzen. Er verschlüsselt, kodiert seine Gedanken, seine Informationen in akustische Lautketten. In Form von Schallwellen gelangen diese an den Empfänger, den Hörer. Dieser muss die Lautketten dekodieren, indem er ihnen einen Sinn beilegt. Ein Verständnis zwischen Sprecher und Hörer entsteht nur, wenn beide dem Gesprochenen bzw. Gehörten den gleichen Sinn zu Grunde legen. In diesem Fall verfügen sie über einen gemeinsamen Kode. Eine Rückmeldung findet immer statt. Sie kann verbal oder nonverbal durch alle denkbaren körpersprachlichen Äußerungen erfolgen. Selbst im Schweigen vollzieht sich noch Kommunikation.

Beim **Lesen** ist die Information, die der Sender als Autor geben will, in Schriftzeichen verschlüsselt, kodiert. Der Empfänger muss diese Schriftzeichen kennen, um den Kode entschlüsseln und die Information entnehmen zu können. Am Beispiel der Fremdsprache kann dies belegt werden. Wer die Zeichen der kyrillischen Schrift, der Bilderschrift usw. nicht kennt, den Kode also nicht beherrscht, kann die Information nicht entnehmen, unabhängig davon, was die Quelle übermittelt. Um Morsezeichen, Blindenschrift, Geheimschrift lesen zu können, braucht man den entsprechenden Schlüssel.

Die Begrifflichkeit, die notwendig zur Verschlüsselung und Entschlüsselung von Informationen gehört, ist nur auf einer abstrakten Ebene bei zwei Menschen identisch. Bei der Dekodierung kommen nämlich weitere Faktoren hinzu. Durch unterschiedliche Herkunft, Intelligenz, den daraus resultierenden Sprachstand variiert die Möglichkeit zur Informations-, zur Sinnentnahme. Wer Feuer als anheimelnd,

Wärme spendend, gemütlich erlebt hat, verbindet damit andere Vorstellungen als jemand, der es als bedrohend und zerstörend miterlebt hat. Der Erfahrungshintergrund bestimmt, was der jeweilige Mensch mit dem Begriff verbindet, „Bretter, die die Welt bedeuten" kann jeder, der die Buchstaben und ihre dazugehörenden Laute kennt, lesen, aber nicht jeder versteht die Bedeutung, den übertragenen Sinn dieses Satzes. Das lesende Kind, das die Information entschlüsselt, kann keinen Sinn entnehmen – obwohl es den Kode beherrscht –, weil es die Wörter „Bretter" und „Welt" nur konkret auffassen kann, gemäß seinem Erfahrungshintergrund. Wir müssen beim Lesenlernen also nicht nur den Kode, d. h. Buchstaben und Laute vermitteln. Damit durch Lesen Verständigung ermöglicht wird, bedarf es auch der gemeinsamen Erfahrungen für das Gelesene. Dies ist nicht nur da vonnöten, wo zahlreiche ausländische Kinder mit deutschen Schülern in einer Klasse unterricht werden. Vor diesem Hintergrund ist Lesen die informationsverarbeitende Tätigkeit des Empfängers. Lesen ohne Sinnentnahme gibt es nicht. So lässt sich definieren:

Lesen ist die Fähigkeit, durch den Einsatz angemessener Techniken in möglichst kurzem Zeitraum aus einem schriftlich niedergelegten Kode ein Höchstmaß an Information zu sammeln und zu verarbeiten.[1]

Das Kind des 1. Schuljahres lernt aber nicht nur lesen; es wird ihm darüber hinaus auch die Fertigkeit und Fähigkeit des Schreibens vermittelt.

Beim **Schreib-Lese-Prozess** ist die Nachrichtentätigkeit noch weiter entwickelt. Zusätzlich zu den phonematischen Zeichen werden grafische Zeichen als Wortbilder eingesetzt. Das hat den Vorteil, dass die Mitteilung unabhängig von der Situation wird; sie kann an jedem beliebigen Ort zu jeder beliebigen Zeit eingesetzt werden. An die Stelle der Lautsprache tritt dabei die Schriftsprache. Der Ablauf dieses Prozesses lässt sich als schriftsprachliche Kommunikationskette wie folgt beschreiben:

Auf der Seite des Senders finden zwei Verschlüsselungen statt. Zuerst wird die Information in akustische Zeichen, danach werden diese in Schriftzeichen umgesetzt. Auf der Empfänger- oder Leserseite finden zwei Entschlüsselungen statt: Die optischen Zeichen werden aufgenommen und in akustische Zeichen transponiert. Diese werden noch einmal entschlüsselt zu der gemeinten Information. So lässt sich sagen:

Schreiben ist Kodierung,

Lesen ist Dekodierung der grafischen Zeichen zur Sprache und zum Inhalt.

Lesen heißt, gedruckte oder geschriebene Wörter als Zeichen für ganz bestimmte Inhalte zu erkennen.

Wenn Sprache in Schrift umgesetzt wird, kommen bestimmte Konventionen ins Spiel, mit denen man Bündel von Lautzeichen zu einem Schriftzeichen zusammenfasst. So wird z. B. das geschlossene, offene, unbetonte /e/ durch das Schriftzeichen ⟨e⟩ repräsentiert. Dass Fuchs, Keks, Hexe, flugs am Wortende gleich lautend sind, aber unterschiedlich geschrieben werden, beruht auf Vereinbarungen. Wer solche Regeln nicht kennt, wird nicht richtig schreiben können.

---

1 Deutsches Institut für Fernstudien (Hg.), Fernstudienlehrgang Legasthenie, Studienbegleitbrief 4, Beltz Verlag, Weinheim und Basel 1974, S. 61

Lesen lernen fordert den „ganzen“ Menschen

Lesen ist ein mehrschichtiger Vorgang, der sich im Bereich der Optik, der Akustik und der Merkfähigkeit abspielt. Zunächst wird vom Auge eine grafische Zeichenfolge wahrgenommen und als Reiz zum Gehirn weitergeleitet. Dort werden die grafischen Zeichen dekodiert, in Sprache umgesetzt und der Bedeutungsinhalt entnommen.

Der Leser muss die grafischen Schriftzeichen voneinander unterscheiden und jedem Zeichen einen entsprechenden Laut zuordnen können. Er kann dies nur, wenn die Zeichen/Laute in seinem grafischen Speicher abrufbar sind. Dies ist nicht so selbstverständlich, wie es auf den ersten Blick scheinen mag. Ein Kind kann Buchstaben oder Buchstabenkombinationen nicht in Laute umsetzen, weil es die entsprechenden Laute gar nicht richtig kennt. Eine kleine Geschichte soll das verdeutlichen, indem sie den Leser in eine Situation versetzt, in der er ähnliche Schwierigkeiten wie das lesende Kind haben könnte:

Stellen Sie sich vor, Sie seien Gast eines Indianerstammes, der in Gefahr ist, vom Nachbarstamm überfallen zu werden. Sie möchten nachmittags zum Fluss gehen, um zu angeln. Bevor Sie das Lager verlassen, zeigt man Ihnen einen großen Vogel und sagt: „Der Schrei dieses Vogels ist heute die Erkennungsparole.“ Man bringt den Vogel einige Male zum Schreien, dann verlassen Sie das Lager. Als Sie abends zurückkommen, werden Sie von der Wache angehalten: „Parole!“ Sie erinnern sich an den großen Vogel und ahmen seinen Schrei nach. „Das ist nicht die richtige Parole!“, bekommen Sie zu hören, was Sie sehr entmutigt. Sie versuchen es noch ein paarmal und geben dann auf. Die Indianer zeigen erschüttert immer wieder auf den großen Vogel und stöhnen: „*Den* Vogel solltest du nachmachen, wir haben ihn dir noch vor ein paar Stunden gezeigt!“ Und bei sich denken sie: „Sonst scheint er doch ganz in Ordnung zu sein. Warum stellt er sich hierbei so begriffsstutzig an?“

Als Sie später überlegen, warum Sie zum Spott aller Wigwambewohner so versagt haben, wird Ihnen alles klar:

1. Sie haben zwar schon alle möglichen Vögel, wahrscheinlich auch diesen einen zwitschern und schreien gehört, aber noch nie so bewusst und interessiert, dass Sie die verschiedenen Stimmen genau voneinander unterscheiden könnten. Sie haben eine Vogelstimmendifferenzierungsschwäche!
2. Sie haben zu wenig Übung in der Vogelstimmenimitation, um einen solchen Schrei korrekt nachahmen zu können. Sie haben ein funktionales Defizit hinsichtlich Ihrer Stimmenimitationsmotorik!
3. Ihr Versagen hat überhaupt nicht daran gelegen, dass Sie den großen Vogel nicht wiedererkannt hätten. Sie konnten sich noch sehr gut an ihn erinnern.

In einer vergleichbaren Lage befindet sich ein Kind, wenn es dem Buchstaben nicht den zugehörigen Laut unterlegen kann. Es kennt das Zeichen ⟨m⟩.

Das ist das Zeichen, das wie zwei Tore aussieht. Es verwechselt es optisch nicht mit dem Zeichen ⟨n⟩. Es gibt zwei Gründe, weshalb es etwas anderes spricht als /m/: Es hat zwar schon alle möglichen Laute und Lautverbindungen, auch das /m/ gehört, aber noch nie so bewusst und interessiert, dass es die einzelnen Laute genau voneinander unterscheiden könnte. Es hat eine auditive Differenzierungsschwäche. Außerdem hat es zu wenig Übung im korrekten Artikulieren von Lauten, also ein funktionales Defizit hinsichtlich seiner Sprechmotorik.

Durch das Zusammenschleifen der Lautzeichen ergibt sich eine Wortvorgestalt (Rekodierung). Hat der Leser einem grafischen Zeichen nicht den richtigen Laut zugeordnet, hat er die Abfolge bei der Umsetzung in Laute verwechselt, einen Laut hinzugefügt oder ausgelassen, so ergibt sich ein falsches Wortklangbild. Der Leser kann ihm keinen Sinn beimessen. Er versucht, das Wort erneut synthetisierend aufzubauen.

Sinnentnahme ist nur da möglich, wo das Wort bereits im sog. lexikalischen Speicher vorhanden ist, d. h. dem Wort die richtige Bedeutung zugeordnet werden kann. Kinder mit geringem Wortschatz erlernen das Lesen unter erschwerten Bedingungen, da beim Lesen die Sinnerwartung eine wesentliche Rolle spielt. Die ersten Wörter eines Satzes, selbst die erste Silbe eines Wortes, lassen uns bestimmte Inhalte vorausdenken. „Das Geschäft ist heute in der Zeit von 12–14 Uhr . . .“ Man erwartet „geschlossen“, da ein solches Schild nach allgemeiner Erfahrung nur bei Schließung des Ladens ausgehängt wird. Ebenso könnte dort „geöffnet“ stehen. Unsere Sinnerwartung beruht demnach auf unseren Erfahrungen. Die Silbe „Au“ lässt Kinder auf das Wort „Auto“ schließen, nicht auf „Auge“, da seine Häufigkeit bedeutend geringer ist.

Das oben erwähnte Modell veranschaulicht sehr vereinfacht den Ablauf beim Lesen. Es stellt nicht dar, dass zwischen dem Wort und dem einzelnen Buchstaben, wie Piaget sagt, Interaktionen stattfinden. Nicht jeder Leser baut die Wortklanggestalt synthetisch, linear auf. Je nach Veranlagung erfassen wir größere oder kleinere Einheiten. Als geübter Leser überschauen wir ganze Wörter, ja wir „lesen“ Wörter auf Grund der Sinnerwartung und stutzen nur, wenn das Gelesene nicht in den Kontext passt. Das Modell sagt auch nichts aus über die physischen und psychischen Teilfunktionen, die beim Lesen beteiligt sind.

Lesen und Schreiben sind zwei eigenständige Vorgänge, die sich jedoch gegenseitig stützen und von Beginn an inhaltlich aufeinander bezogen sein sollten. Anders als beim Lesenlernen, wo das Synthetisieren – neben dem Erkennen signifikanter Einheiten, dem assoziativen Lesen – nur *eine* Strategie ist, sieht der Schreibanfänger vorrangig die Umsetzung des Lautes in Buchstaben. Diese Regel – jedem Laut wird ein Buchstabe bzw. eine Buchstabengruppe zugeordnet – gewinnt er beim Lesenlernen. Der Schreiber kennt den Begriff, den er schriftlich niederlegen will. Er produziert, möglicherweise durch „inneres Sprechen“, die Wortklanggestalt und kodiert sie dann in grafische Zeichen. Danach wird seine Vorstellung optisch erkennbar.

Damit die Vorgänge des Verschlüsselns beim Schreiben und des Entschlüsselns beim Lesen störungsfrei bewältigt werden können, müssen alle beteiligten Teilfunktionen wirkungsvoll zusammenarbeiten. Damit ein Lernprozess erfolgreich verlaufen kann, müssen beim Lernenden alle Vorerfahrungen gegeben sein, die für diesen Prozess als notwendig vorausgesetzt werden. Ist dies nicht der Fall, dann wird der Lernprozess zumindest behindert; möglicherweise scheitern Schüler dadurch bereits frühzeitig.

Das Erlernen der Rechtschreibung setzt einen Leselernprozess voraus, der die Teilfunktionen beim Lesen und Schreiben angemessen berücksichtigt. Es ist eine wichtige Aufgabe, im Vorfeld dieser Lehrgänge zu überprüfen, welche Vorerfahrungen, Lernvoraussetzungen das Kind in die Schule mitbringt.

Die wichtigsten Teilfunktionen im optischen Bereich

- Vom Organischen her muss der Sehvorgang gewährleistet sein.
- Schriftzeichen als solche müssen wahrgenommen werden im Unterschied zu bildlichen Darstellungen.
- Daraus ergibt sich als Teilfunktion eine Differenzierungsfähigkeit: Gleiche Buchstaben müssen aus einer Anzahl unterschiedlicher Schriftzeichen herausgefunden werden.
- Raum-Lage-Beziehungen müssen erkannt werden.
- Durchgliederungsfähigkeit muss gegeben sein, d. h. ein Wortganzes muss buchstabenweise, segmentiert aufgenommen werden (= analytische Teilfunktion).
- Integrationsfähigkeit muss vorausgesetzt werden, d. h. die grafischen Zeichen müssen in der richtigen Abfolge aufgefasst werden (= synthetisierende Teilfunktion).
- Speicher- bzw. Merkfähigkeit für grafische Zeichen muss vorhanden sein.

Die wichtigsten Teilfunktionen im akustischen Bereich

- Vom Organischen her muss der Hörvorgang gewährleistet sein.
- Der optische Reiz muss in akustische Signale umgewandelt werden.
- Die Lautabfolge muss gemäß dem optischen Reiz reproduziert werden.
- Ähnlich klingende Laute müssen unterschieden werden (Trennschärfe bei d/t, g/k, b/p).
- Dem einzelnen Laut muss der richtige Stellenwert (Lautqualität) zugeordnet werden.

Die wichtigsten Teilfunktionen für die Sinnentnahme

- Wortklangbilder müssen gespeichert werden.
- Aus der Fülle von Vorstellungen muss eine Vorauswahl getroffen werden (Restriktion).
- Innerhalb des Satzes muss dem Wortklangbild der gemeinte Stellenwert zuerkannt werden.
- Dem Wortklangbild muss ein bereits bekannter Sinn zugeordnet werden.
- Das Wort muss richtig artikuliert werden.

Voraussetzungen zum Lesenlernen lassen sich überprüfen

Bremer Lautdiskriminationstest (BLDT)

Für die Überprüfung der Teilfunktionen gibt es bisher nur wenige geeichte Materialien im deutschsprachigen Raum. Genannt sei der Bremer Lautdiskriminationstest.[1]
Durch das Nachsprechen von 66 Wortpaaren lassen sich Ausfälle in der Lautunterscheidungsfähigkeit feststellen. „Der Test berücksichtigt wesentliche in der deutschen Sprache auftretende Phoneme, die aus einer jeweils paarweisen Darbietung als gleich oder verschieden zu identifizieren sind. Die einzelnen Phoneme stehen jeweils am Anfang, in der Mitte oder am Ende eines Wortes. Gelegentlich kommt es auch darauf an, Hinzufügungen bzw. Auslassungen von Phonemen herauszuhören."[2]
Die Durchführung und Auswertung des Tests dauert etwa 10 Minuten je Schüler.
Der BLDT ist für das letzte Viertel des 2. Schuljahres genormt, so dass die Auswertungstabelle nicht auf Erstklässler übertragen werden kann. Bei der Durchführung des Tests kann es also nur darum gehen, eventuelle Ausfälle festzustellen, um diesen mit begleitenden Maßnahmen von Schulbeginn an zu begegnen. Er ist ein diagnostisches Hilfsmittel zur Überprüfung *eines* Teilbereichs. Dem Test sind keine Therapievorschläge beigelegt.

Bremer Artikulationstest (BAT)

Der Bremer Artikulationstest[3] überprüft die Artikulationsfähigkeit anhand von 100 Wörtern. Diese enthalten die wesentlichen Phoneme und Buchstabenverbindungen der deutschen Sprache. Eine Reihe von Wörtern lassen bei unkorrektem Nachsprechen Rückschlüsse auf die unterschiedlichen Fehlbildungen des s-Lautes (Sigmatismus) zu. Wörter mit bestimmten Anlauten und Anlautverbindungen geben Hinweise auf mögliches Stammeln. Außerdem wird überprüft, ob das Kind weiche und harte Konsonanten sprechmotorisch einwandfrei nachvollzieht. Für die Durchführung des Tests werden etwa 5 Minuten je Schüler benötigt.
Auch dieser Test ist für das letzte Viertel des 2. Schuljahres geeicht. Dennoch wird er ausdrücklich auch für Schulanfänger als diagnostisches Hilfsmittel empfohlen. Die frühzeitige Feststellung sprechmotorischer Fehler und darauf aufbauendes, gezieltes Training können im Vorfeld Rechtschreibschwierigkeiten entgegenwirken. Mit diesem Test wird *eine weitere* wichtige Teilfunktion überprüft. Es werden keine Therapievorschläge angeboten.

---
1 Bremer Lautdiskriminationstest, Verlag Paul Herbig, Bremen
2 a. a. O. Handanweisung 2
3 Bremer Artikulationstest, Verlag Paul Herbig, Bremen

Differenzierungsprobe (DP)

Die umfassendste Überprüfung der Lernvoraussetzungen lässt sich mit Hilfe des Buches „Gut vorbereitet auf das Lesen- und Schreibenlernen“[4] durchführen. Zu Beginn des 1. Schuljahres kann man damit im Einzeltest alle Schüler hinsichtlich ihrer optischen, phonematischen, kinästhetischen, melodischen und rhythmischen Differenzierungsfähigkeit testen.

Optische Überprüfung

Bei der Überprüfung der optischen Differenzierungsfähigkeit soll ermittelt werden, ob das Kind optische Gestalten detailliert erfasst. Es soll die Richtung einer Gestalt – waagerecht, senkrecht, schräg –, die Häufigkeit von bis zu drei gleichen Gestaltmerkmalen, die Lage – oben, unten, auf der einen oder anderen Seite – und die Größe – groß, klein, lang, kurz – unterscheiden können. Alle diese Kriterien sind Bestandteile unserer Schriftsprache.

Ungenaue optische Wahrnehmungen wirken sich beim Lesen hemmend auf die Sinnfindung aus. Denken Sie an optisch ähnliche Strukturen: b/d, m/n, g/h, p/b, r/n, M/W. . . Mangelhafte Wiedergabe der Zeichen führt im Extremfall zur Wortverstümmelung. Deshalb ist die völlige Sicherheit in der optischen Differenzierung im Rahmen der durch die Schriftsprache (Druck- und Schreibschrift) geforderten Genauigkeit unumgänglich.

Dem Kind werden die abgebildeten Zeichen in der angegebenen Reihenfolge nacheinander vorgelegt. Das schwierigste Zeichen steht – dem Konzentrationsverlauf entsprechend – an dritter Stelle, das leichteste Zeichen am Ende. Alle Vorlagen sollten dem Kind in einer vertretbaren Größe angeboten werden (Originalgröße ca. 6x3 cm). Es wird aufgefordert, das jeweils vorliegende Zeichen mit Bleistift auf ein Blatt Papier abzumalen. Die Vorlage bleibt während des Abmalens vor dem Kind liegen. Die Anweisungen dazu lauten:

Zeichen 1 (⊧)
„Male das Zeichen so ab, wie es ist. Ein Strich mit zwei Winkern (kleinen Strichen) daran.“
Zeichen 2 (.|˙)
„Jetzt malst du dieses Zeichen. Ein Strich, oben ein Punkt und unten ein Punkt.“
Zeichen 3 (>|)
„Nun dieses Zeichen. Ein Strich und eine Ecke daran.“
Zeichen 4 (Z)
„Bei diesem Zeichen geht es rüber, runter, rüber.“
Zeichen 5 (S)
„Das ist das letzte Zeichen. Ein Schweineschwänzchen (ein Haken).[5]

Der Tester darf bei keinem Zeichen durch Gesten den Bewegungsablauf verdeutlichen.

---

[4] Helmut Breuer/Maria Weuffen, Gut vorbereitet auf das Lesen- und Schreibenlernen, 7. Auflage, Hüthig Verlagsgemeinschaft, Heidelberg 1992

[5] a. a. O. Seite 47
Die in Klammern angegebenen Wörter ersetzen die bei uns wenig bekannten Begriffe.

①

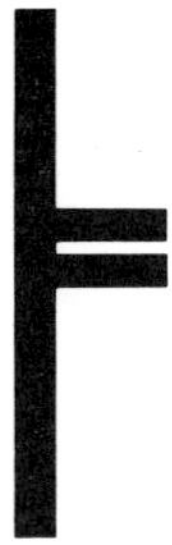

②

③

④

⑤

Aus: Helmut Breuer / Maria Weuffen, Gut vorbereitet auf das Lesen- und Schreibenlernen, 7. Auflage, Hüthig Verlagsgemeinschaft, Heidelberg 1992

Bei der Auswertung der Zeichen fallen ungeschickte Strichführung und Mängel in der Größenwiedergabe nicht ins Gewicht. Für die richtige Lösung ist entscheidend:
„Die beiden ‚Winker‘ (Zeichen 1) weisen nach rechts;
die Punkte (Zeichen 2) sind rechts oben und links unten neben dem Strich gezeichnet;
die ‚Ecke‘ (Zeichen 3) weist nach links und wird mit dem Versuch nachgemalt, sie rechts zu schließen;
beim ‚rüber, runter, rüber‘ entstehen Winkel in der vorgegebenen Richtung (Zeichen 4), die Winkelgröße kann oben und unten einen rechten Winkel überschreiten, das ‚runter‘ wird in der Tendenz nach links bzw. senkrecht geführt. Parallelität der ‚rüber—rüber‘ ist nicht erforderlich;
in Zeichen 5 sind die Bogen in der Tendenz richtungsgetreu ausgeführt.“[6] (Lösungsbeispiele siehe S. 15)
Auf einem Auswertungsblatt wird das Ergebnis für jedes Zeichen mit + bzw. — vermerkt.

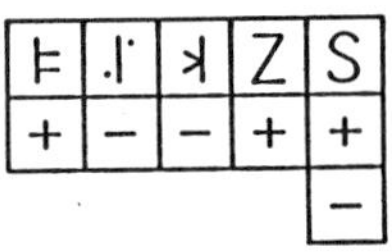

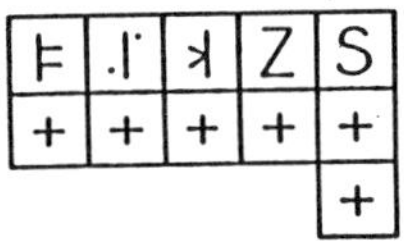

Wurde auch nur *ein* Zeichen vom Kind falsch abgemalt, so gilt die gesamte Aufgabe, also alle fünf Zeichnungen, als nicht bewältigt. Die optische Differenzierungsfähigkeit ist daher mit „—“ zu bewerten. Das Ergebnis wurde möglicherweise durch eine Konzentrationsschwäche begünstigt. Beiden Mängeln muss frühzeitig entgegengewirkt werden.

Akustische Überprüfung

Innerhalb der akustischen, phonematischen Differenzierung muss gesichert sein, dass der einzelne Laut genau herausgehört wird, damit das gesprochene Wort inhaltlich verstanden werden kann. Phonematische Fehlleistungen führen zur Verwechslung ähnlich klingender Laute: g/k, d/t, b/p, m/n, a/o, o/u, e/i. Dadurch kann es zu Bedeutungsverschiebungen kommen, denn ein einzelner Laut kann den Inhalt eines Wortes verändern: Kasse/Tasse, Hose/Hase. Die mangelnde lautliche Differenzierungsfähigkeit kann auch zu Handlungsfehlern führen: „Hol mir einen Nagel!“ Gebracht wird eine Nadel. Nicht gehörte Laute können ebenso Missverständnisse verursachen: Klasse/Kasse. Wer einen Laut nicht sicher identifiziert, ist unsicher bei der Buchstabenzuordnung. Wenn der begriffliche Inhalt des Wortes nicht klar erkannt werden kann, begünstigt das eine falsche Schreibweise. Für einen Erstklässler aber gilt die rechtschriftliche Grundregel: „Schreibe, wie du sprichst!“ Das setzt richtiges Hören voraus, zumal der Lese-/Schreibanfänger sich überwiegend auf die Schreibtechnik konzentriert und selten eine lautliche Korrektur auf Grund des Kontextes vornimmt.
Bei der Durchführung dieses Teiltestes werden dem Kind elf Bildtafeln mit je zwei Abbildungen vorgelegt. Die dargestellten Inhalte, die vom Tester begrifflich genannt werden, begünstigen phonematische Verwechslungen, wenn in diesem Bereich Mängel vorliegen.

[6] a. a. O. Seite 47

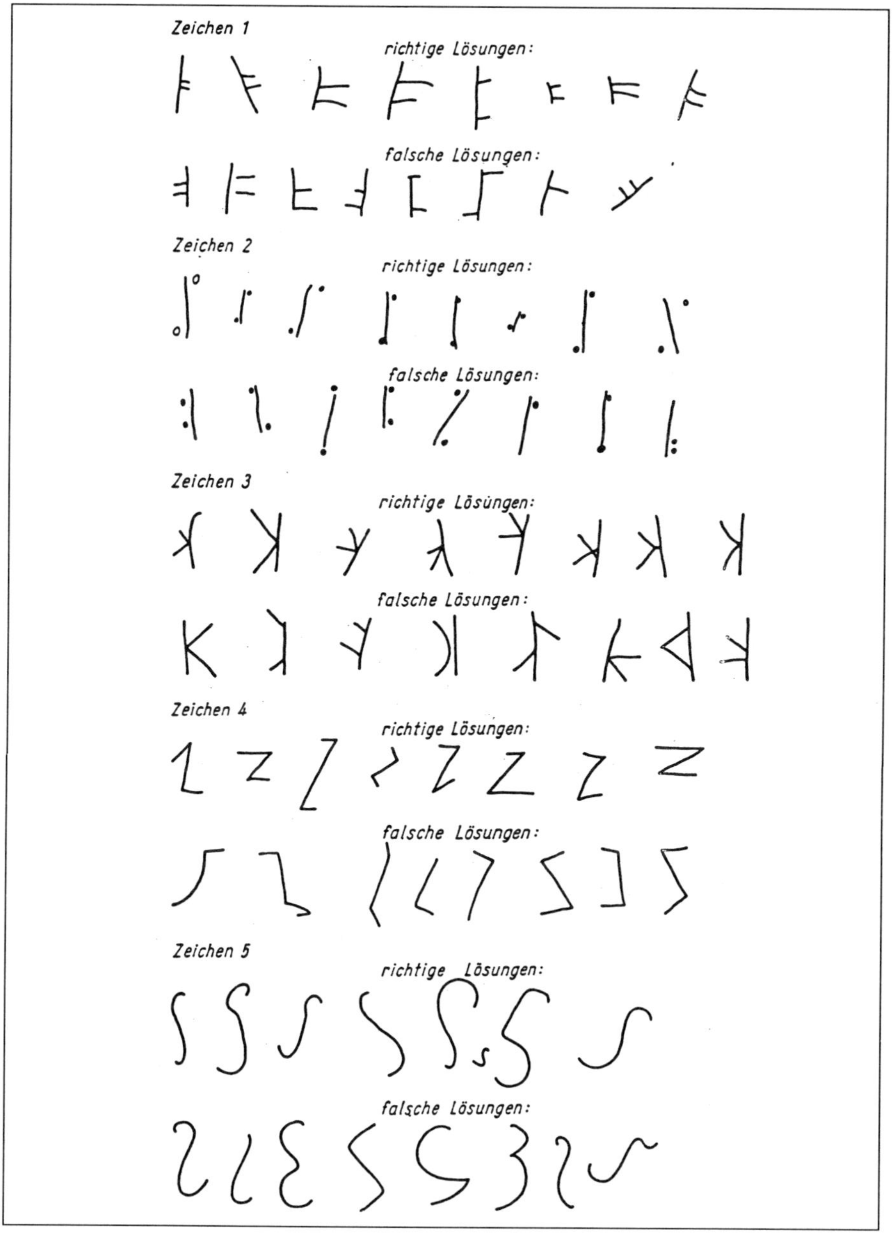

Aus: Helmut Breuer / Maria Weuffen, Gut vorbereitet auf das Lesen- und Schreibenlernen, 7. Auflage, Hüthig Verlagsgemeinschaft, Heidelberg 1992

Bildtafel 0

Bildtafel 1

Bildtafel 2

Bildtafel 3

Bildtafel 4

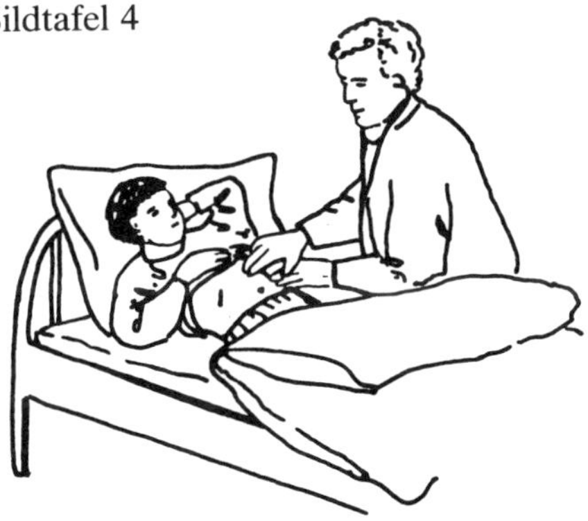

Bildtafel 5

westermann

Bildtafel 6

Bildtafel 7

Bildtafel 8

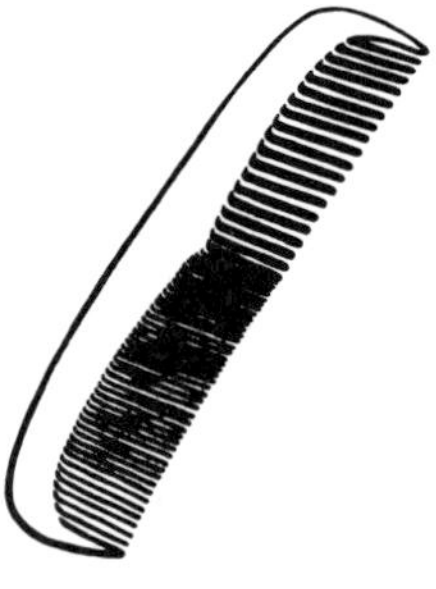

Bildtafel 9

Bildtafel 10

Nach: Helmut Breuer / Maria Weuffen, Gut vorbereitet auf das Lesen- und Schreibenlernen, 6., neugefasste Auflage, VEB Deutscher Verlag der Wissenschaften, Berlin 1986

An Hand der Bildtafel 0 wird das Kind in die Aufgabenstellung eingeführt: „Du siehst auf dem Bild einen Keller, auf dem anderen Bild einen Teller. Keller – Teller (kleine Pause), das hört sich fast gleich an. Ich sage jetzt ein Wort und du zeigst, was ich gesagt habe, auf dem Bild.“[7]

Bei den folgenden Bildtafeln sollte der Tester darauf achten, dass er nicht ständig das rechte oder linke Bild zeigen lässt. Außerdem sollte er beim Vorsprechen der Begriffe den Mund mit der Hand verdecken, damit ein Ablesen vom Mund ausgeschlossen ist. Überartikulieren ist nicht zulässig, weil es den Blick für eventuelle vorhandene Schwierigkeiten des Kindes verstellt. Korrekturen beim Sprechen des Kindes sollen unbedingt unterbleiben.

[7] a. a. O. Seite 50

Die Wortpaare auf den Bildtafeln lauten:

Bildtafel 1: Topf – Kopf
Bildtafel 2: Gans – Tanz
Bildtafel 3: satt – Sack
Bildtafel 4: krank – trank
Bildtafel 5: backen – baden
Bildtafel 6: Tanne – Kanne
Bildtafel 7: Nagel – Nadel
Bildtafel 8: Kamm – Kahn
Bildtafel 9: Tasche – Tasse
Bildtafel 10: wasche – Wache

Bei Kindern, die die Aufgabenstellung schnell erfasst haben, kann der Text zu jedem Bild verkürzt werden, etwa „Tanne – Kanne, zeige. . .“
Während der Durchführung vermerkt der Tester das Ergebnis hinter jedem Wortpaar.

Beispiel: 1. Topf – Kopf +
2. Gans – Tanz +
.
.
8. Kamm – Kahn –

Hat das Kind auch nur bei *einem* Wortpaar auf die falsche Abbildung gezeigt, so wird die gesamte phonematische Überprüfung negativ bewertet. Bei drei und mehr Fehlern liegt eine schwere phonematische Schwäche vor, die auch ausgelöst sein kann durch eine ausgeprägte Konzentrationsstörung. Beides bedarf der speziellen Förderung.

Kinästhetische Überprüfung
Sprechen und Schreiben sind nur durch Bewegungskoordinationen möglich. Diese gelingen nur, wenn sie so weit vertraut sind, dass sie automatisch ablaufen. Der Schreibanfänger muss die Bewegungsmuster für zu erlernende Wörter als Programme, als kinästhetische Muster, speichern; die meisten Sprechmuster hat er bereits im Laufe der ersten Lebensjahre gesammelt. Ist er nicht fähig, aufgenommene Laute in solche Programme umzusetzen, so können Fehler in der Sprechmotorik auftreten, die wiederum Fehler in der Graphemwiedergabe zur Folge haben können. Eingeschliffene Sprechfehler können zu falschen Mustern führen. Je weiter die Fähigkeit entwickelt ist, Zeichen die zugehörigen Laute und Bewegungsabläufe zuzuordnen, um so leichter und richtiger gelingen Sprechen und Schreiben. Mängel in der kinästhetischen Differenzierung können ihre Ursache in einer sprechmotorischen Retardierung und/oder akustischen und rhythmischen Gliederungsschwäche, in einem Sprach- oder Hörfehler haben. Richtige Artikulation ist mit Voraussetzung für richtiges Sprechen und Schreiben.
Der Teiltest zur Überprüfung der kinästhetischen Differenzierung besteht aus einer Nachsprechprobe der Wörter „Post-kutsche“, „Alu-minium“ und „Schell-fisch-flosse“. Da diese Wörter für alle Kinder in etwa gleich unbekannt sein dürften, können sie beim Nachsprechen nicht auf bekannte Muster zurückgreifen und dadurch tatsächlich zeigen, ob sie fehlerfrei artikulieren können. Der Tester gibt dem Kind folgende Anweisungen: „Ich spreche dir jetzt ein Wort vor, du musst gut aufpassen, damit du es richtig nachsprechen kannst. Passe auf: Postkutsche. Sage du das Wort.“[8] Zwischen den Wortteilen „Post-“ und „-kutsche“ wird eine kleine Pause gemacht. Spricht das Kind das Wort nicht fehlerfrei nach, so wiederholt der Tester es. Das Versuchswort darf insgesamt dreimal vorgesprochen wer-

[8] a. a. O. Seite 53

den, das Kind hat entsprechend drei Nachsprechmöglichkeiten. Bei den beiden anderen Wörtern wird ebenso verfahren.

Die Auswertung wird folgendermaßen vorgenommen: Gelingt das Nachsprechen sofort und ohne Fehler, werden drei Punkte gegeben. Wird nach der ersten Wiederholung fehlerfrei nachgesprochen, so erhält das Kind zwei Punkte dafür. Für das fehlerfreie Sprechen nach zwei Wiederholungen gibt es einen Punkt. Drei falsche Sprechübungen ergeben null Punkte. Es sind also maximal neun Punkte möglich. Bei einer Gesamtpunktzahl von mindestens fünf wird die Aufgabe positiv bewertet.

Als Nachsprechfehler gelten:
1. Auslassen von Lauten
2. Hinzufügen von Lauten
3. Ersetzen von Lauten durch andere, z. B. Kostkutsche
4. Laute werden in der Position vertauscht, z. B. Potskutsche
5. Stammelfehler, d. h. deutlich hörbare Abweichungen von richtigen Lautbildungen, z. B. Schellfisflosse

Melodische Überprüfung
Sprache und Musik haben gemeinsam, dass sie von melodischen Spannungsbögen getragen sind. Auf die unterschiedliche Melodie eines Satzes reagieren wir mit unterschiedlichen Gemütsäußerungen. „Kommst du jetzt" – kann eine Frage, eine Bitte, ein Befehl sein. Der Ton macht die Musik. Diese Redensart drückt aus, dass derselbe Satz drohend, bittend, beiläufig, energisch, zärtlich gemeint sein kann. Die Betonung eines Wortes als Bestandteil der Melodie bestimmt über die Stellung und damit den Wert dieses Wortes im Satz.

Ich gehe heute einkaufen. (nicht du)
Ich **gehe** heute einkaufen. (ich fahre nicht)
Ich gehe **heute** einkaufen. (nicht morgen)
Ich gehe heute **einkaufen**. (nicht spazieren)

„Es kann davon ausgegangen werden, dass Melodiedifferenzierung eine wesentliche Voraussetzung für das richtige Erkennen und Verwerten sprachlicher Gebilde ist."[9] Eine undifferenzierte Satzmelodie erschwert zumindest die Sinnentnahme, obwohl die Abfolge der Laute richtig erkannt, in ihrer Lautqualität richtig wahrgenommen und von der Sprechmotorik her exakt wiedergegeben wird. Kinder, die den Sinn des Gelesenen nicht erfassen, zeigen dies durch Tonfall und Betonung deutlich an. Für sie ist Lesen als informationsverarbeitende Tätigkeit nur schwer erfahrbar. Offensichtlich müssen die Funktionen aller Teilbereiche einwandfrei ausgebildet sein, um durch Lesen Informationsaufnahme betreiben zu können. Der Mangel in der melodischen Differenzierungsfähigkeit führt dazu, dass dem Kind Lesen in seiner wirklichen Bedeutung verstellt ist. Obwohl dem Kind der Kode bekannt ist, die Weitergabe an den lexikalischen Speicher erfolgt, kann dieser nicht die gespeicherten Begriffe reproduzieren; sie werden ja nicht sinngemäß an ihn herangetragen. Zur Sprechmelodie gehören neben der Betonung auch Tonfall, Tonhöhe, Tonstärke und Tondauer. Beim Lesen und Schreiben wechseln betonte, lange Laute mit kurzen, unbetonten ab. Lang oder kurz gesprochene Vokale haben Konsequenzen für die Ausspra-

[9] a. a. O. Seite 15

che eines Wortes und für seine Niederschrift.
Für die Überprüfung der melodischen Differenzierungsfähigkeit fehlen bisher ausreichend erprobte diagnostische Verfahren. Als durchführbare Möglichkeit sehen die Verfasser des Tests das Nachsingen des Liedes „Alle meine Entchen" oder eines Liedes nach Wahl des Kindes. Sollte sich das Kind verweigern, so kann der Tester mit ihm zunächst gemeinsam singen; seine Stimme wird dabei immer leiser. Bei der Auswertung werden kleine Melodieabweichungen nicht negativ bewertet. Deutlich hörbare Melodieveränderungen und grobe Rhythmusfehler werden negativ vermerkt.

Rhythmische Überprüfung
Sprechen ist nicht nur die richtige Abfolge von Lauten unter Berücksichtigung der Sprachmelodie, sondern beinhaltet auch eine rhythmische Strukturierung der einzelnen Elemente. Ein Text ist gegliedert in Sätze – Wörter – Silben – Einzellaute. Innerhalb eines Satzes, eines Wortes, stehen die Elemente in rhythmischer, betonter und unbetonter Beziehung zueinander. Im Satz werden Wörter durch Pausen voneinander abgehoben, im Wort stehen kurze und lange Laute nebeneinander. Rhythmus ist also ein Gliederungsprinzip in unserer Sprache, ohne das die Bedeutungsfindung sehr erschwert wird.
Rhythmische Differenzierung ist verbunden mit akustischen und motorischen Wahrnehmungen. Rhythmische Gliederung ist beteiligt beim Aufbau der Bewegungsmuster, die das Kind für Sprech- und Schreibvorgänge speichert. Bei Kindern, die in diesem Bereich nicht altersgerecht entwickelt sind, klingt der letzte betonte Vokal besonders stark nach: „Op-a"; sie beginnen beim Aufschreiben des Wortes mit ⟨A⟩. Konzentrationsmangel begünstigt diesen Vorgang.
Die Rhythmisierung eines Wortes, eines Satzes hilft beim Behalten des Gehörten, wirkt sich also positiv auf die Gedächtnisleistung aus. Beim Aufschreiben eines Wortes ist die Rhythmisierung eine wesentliche Hilfe, vor allem bei längeren, mehrsilbigen Wörtern. Die Silbentrennung beruht in der Regel auf der gegliederten Sprechweise der Wörter.
Es ist bezeichnend, dass rhythmisch auffällige Kinder im 1. Schuljahr Koordinationsschwierigkeiten aufweisen. Sie können z. B. häufig nicht mit beiden Händen gleichzeitig auf den Tisch schlagen, vorgemachtes, gesehenes Klatschen nachahmen, abwechselnd mit großen und kleinen Schritten gehen. Es ist sicher kein Zufall, dass wirklich rechtschreibschwache Kinder oft über geringe rhythmische Fähigkeiten verfügen. Kinder mit Schwächen in der rhythmischen Differenzierung zeigen häufig weitere Mängel in anderen Teilbereichen.
Zur Überprüfung der rhythmischen Differenzierungsfähigkeit wird dem Kind jeweils ein Takt vorgeklatscht, der aus kurzen und langen Schlägen besteht (· = kurz, – = lang). Auf dem langen Schlag liegt die Betonung. Beim Probeklatschen sieht das Kind dem Tester zu, es hat also eine optische Unterstützung für sein Nachklatschen. Bei den Testaufgaben wendet der Tester dem Kind den Rücken zu. Er sagt: „Du kannst doch schon mit den Händen klatschen. Klatsche mal. Fein. Nun spielen wir genaues Klatschen. Ich klatsche dir nun etwas vor. Höre gut zu, damit du auch so klatschen kannst. Du darfst erst klatschen, wenn ich aufhöre. Pass auf: ..–.!"[10] Wird die Probeaufgabe nicht richtig gelöst,

so kann sie noch zweimal vorgemacht werden.
Die beiden Testaufgaben lauten: —.. und .—..
Die Testaufgaben dürfen nur einmal wiederholt werden. Gelingen die Aufgaben beim ersten Nachklatschen, so erhält das Kind für jede zwei Punkte, also die Höchstpunktzahl 4. Für das richtige Klatschen im zweiten Anlauf wird ein Punkt erteilt. Mit insgesamt drei Punkten wird der gesamte Bereich positiv bewertet. Kinder, deren Punktzahl darunter liegt, bedürfen der Förderung hinsichtlich dieser Teilschwäche.

Testfolgerungen
Wenn ein Kind bei der Testdurchführung zu Beginn des 1. Schuljahres in drei oder mehr Teiltests alle Aufgaben erfolgreich bewältigt hat, besitzt es ein gutes Differenzierungsniveau. Die Prognose für das Lesen- und Schreibenlernen fällt günstig aus. Hat das Kind nur in zwei der fünf Bereiche die Aufgaben richtig gelöst, also Fehler in drei Wahrnehmungsbereichen gemacht, ist eine individuelle Förderung in Betracht zu ziehen. Konnten die Aufgaben nur in einem oder keinem Bereich sicher gelöst werden, dann ist die Einleitung spezieller Förderungsmaßnahmen zur Schulung der Differenzierungsfähigkeit unbedingt zu fordern. Nicht alle Kinder mit Ausfällen in den verschiedenen Bereichen zeigen später Leistungsschwierigkeiten. Einige Kinder verbessern ihr Differenzierungsniveau auf Grund der fortschreitenden Entwicklung eigenständig. Untersuchungen haben jedoch gezeigt, dass spätere Problemfälle sich fast alle in der Gruppe von Kindern mit erheblichen Differenzierungsschwächen befinden.
Nach etwa einem halben Jahr empfehlen die Verfasser des Tests für alle Kinder mit drei und mehr Ausfällen eine Kontrolluntersuchung mit denselben Materialien. Hierbei geht es darum, die erreichten Fortschritte festzustellen. Bestehen weiterhin gravierende Ausfälle, dann sind weitergehende Fördermaßnahmen angezeigt.

Testergebnisse
Bei einer Überprüfung der Lernvoraussetzungen mit dem angeführten Test vor einigen Jahren (Schulbeginn 1976) zeigten sich bei vielen Kindern Mängel in den einzelnen Teilfunktionsbereichen (siehe S. 24).
Die neueste Durchführung des Tests (Schulbeginn 1988) zeigt in zwei Teilbereichen eine deutliche Ergebnisverschiebung (siehe S. 24 unten).
Auffallend sind die gestiegenen Werte in den Bereichen der optischen und noch stärker der kinästhetischen Differenzierungsfähigkeit. Da keine grundlegenden Veränderungen im sozialen Umfeld der Schule erfolgt sind, müssen die Ursachen anderer Art sein. Vielleicht trifft es zu, dass unsere ständig von den unterschiedlichsten optischen Reizen umgebenen Kinder — gleichsam als Schutz — weniger differenziert auffassen! Vielleicht trifft es zu, dass heute mit Kindern weniger gesprochen, erzählt wird als noch vor zwölf Jahren. Für meine Arbeit in der Schule bedeuten die Ergebnisse der Lernvoraussetzungsüberprüfung, dass ich zahlreiche Förderangebote, Übungs- und erneute Überprüfungsmöglichkeiten anbieten muss, um möglichst effektives Lernen zu ermöglichen.
Die Ergebnisse zeigen deutlich, dass in den überprüften Klassen eine Reihe

[10] a. a. O. Seite 56

von Kindern bei Schuleintritt über ein unzureichendes Differenzierungsvermögen verfügt, was ihren Lernerfolg erheblich beeinflussen kann. Mit diesen Kindern versuchte ich ihren Schwächen entsprechend ein gezieltes Training aufzubauen. Dazu habe ich den Funktionsbereichen mit ihren jeweiligen Zielen (S. 10) zahlreiche Trainings- und Spielmöglichkeiten zugeordnet.

Differenzierungsprobe 1 (Schuljahr 1976/77)

	1c (27 Sch.)	1d (27 Sch.)
optische Differenzierung (Optik)	14,81 % (4)	37,0 % (10)
phonematische Differenzierung (Akustik)	11,11 % (3)	29,6 % (8)
kinästhetische Differenzierung (Akustik/Sinnentnahme)	14,81 % (4)	14,81 % (4)
melodische Differenzierung (Akustik/Sinnentnahme)	14,81 % (4)	7,4 % (2)
rhythmische Differenzierung	18,52 % (5)	22,2 % (6)
Anzahl der Schüler mit Ausfällen	55,56 % (15)	74,0 % (20)
in einem Bereich	40,7 % (11)	44,4 % (12)
in zwei Bereichen	11,11 % (3)	22,2 % (6)
in drei Bereichen	3,7 % (1)	7,4 % (2)

Differenzierungsprobe 2 (Schuljahr 1988/89)

	1c (26 Sch.)	1b (11 Sch. wurden getestet)
optische Differenzierung (Optik)	46,2 % (12)	36,4 % (4)
phonematische Differenzierung (Akustik)	23,1 % (6)	54,5 % (6)
kinästhetische Differenzierung (Akustik/Sinnentnahme)	53,8 % (14)	45,5 % (5)
melodische Differenzierung (Akustik/Sinnentnahme)	15,4 % (4)	18,2 % (2)
rhythmische Differenzierung	15,4 % (4)	36,4 % (4)
Anzahl der Schüler mit Ausfällen	73,1 % (19)	81,8 % (9)
in einem Bereich	30,8 % (8)	18,2 % (2)
in zwei Bereichen	11,5 % (3)	36,4 % (4)
in drei Bereichen	26,9 % (7)	18,2 % (2)
in vier Bereichen	—	—
in fünf Bereichen	3,8 % (1)	9,1 % (1)

Trainingsmöglichkeiten für die Funktionsbereiche

Für den optischen Bereich gilt:

Vom Organischen her muss der Sehvorgang gewährleistet sein.
Vor Schulbeginn überprüft der Schularzt die Sehfähigkeit des Kindes. Trotzdem kommt es immer wieder vor, dass erst im Verlauf des 1. Schuljahres die Notwendigkeit einer Brille offenkundig wird. Im Extremfall erkennen Kinder Buchstaben nicht wieder, weil sie nicht richtig sehen können. Sie verwechseln beim Lesen die Reihen oder finden beim Schreiben auf Grund einer Sehschwäche nicht die Schreiblinie.

Schriftzeichen als solche müssen wahrgenommen werden im Unterschied zu bildlichen Darstellungen.

- Dazu lassen sich Arbeitsblätter[1] anfertigen, in denen entweder die Buchstaben eingekreist oder die Bilder vom Kind bunt gemalt werden.
- Buchstabenkarten und Bildkarten, z. B. aus Lottospielen, getrennt sortieren lassen.
- Dem Kind einen Buchstaben optisch vorgeben mit der Aufgabe, gleiche Buchstaben aus einer Zeitschrift, einem Katalog, einer Werbung herauszuschneiden. Dabei sollte man dem Kind sagen, dass es nur in den größer gedruckten Überschriften suchen soll. Es überforderte die Feinmotorik des Schulanfängers, wenn er aus einem fortlaufenden Text die klein gedruckten Lettern ausschneiden sollte.

[1] Marga Vonhoegen / Hildegard Weiden in: Praxis Grundschule, Sonderband Vereinfachte Ausgangsschrift, Westermann Schulbuchverlag, Braunschweig 1988, S. 15

Gleiche Buchstaben müssen aus einer Anzahl unterschiedlicher Schriftzeichen herausgefunden werden.

– Hier kann man dem Kind einen Buchstaben vorgeben – als Buchstabenkarte, gemalt, als ausgeschnittener Buchstabe, als Stempeldruck. Es soll gleiche Buchstaben aus einer Vielzahl heraussuchen – aus Buchstabenkarten, aus Ge-

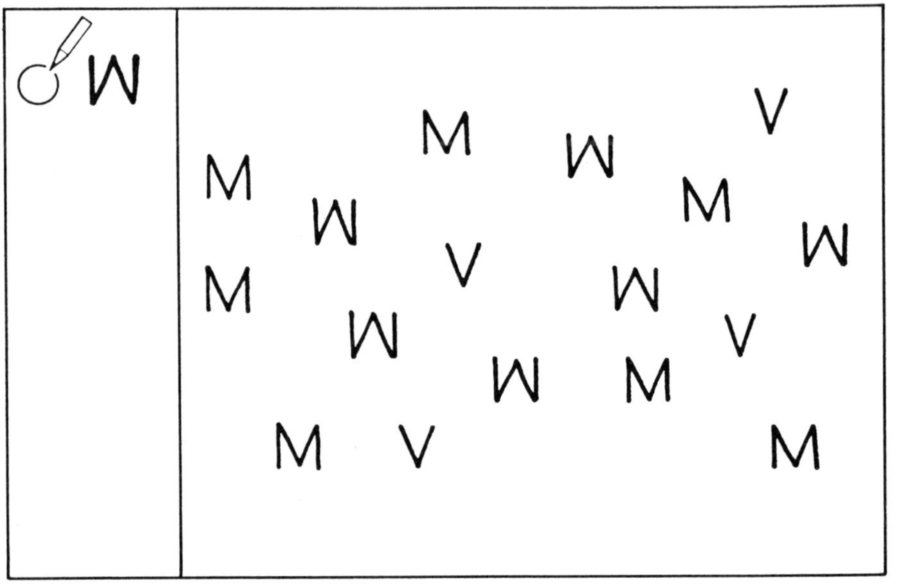

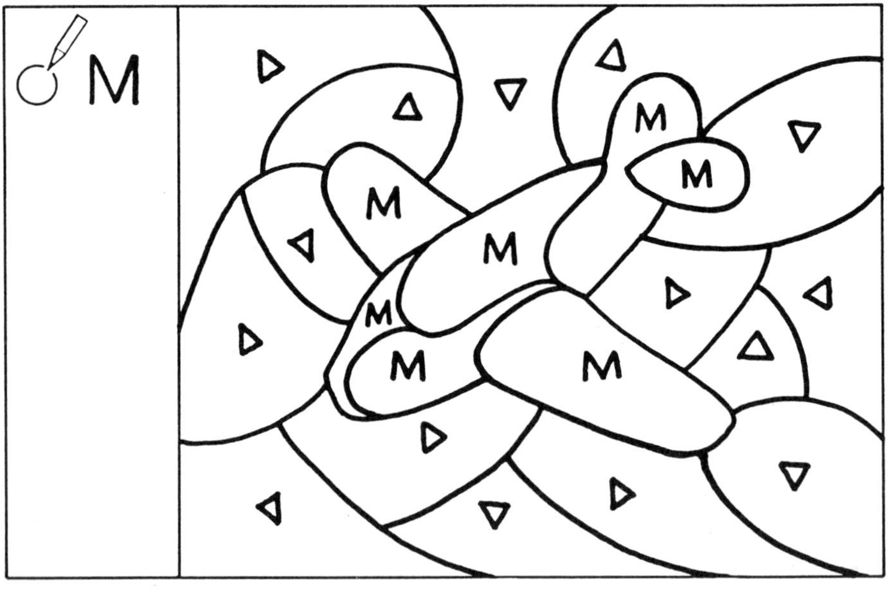

schriebenem ausschneiden, Buchstaben stempeln und diesen *einen* dann finden. Übungsteile zu Fibeln bieten Übungen wie die folgenden[2] mit gesteigertem Schwierigkeitsgrad an. Das Ausmalen gleicher Buchstabenfelder mit einer Farbe ermöglicht Eigenkontrolle.

[2] a. a. O. Seite 16/17

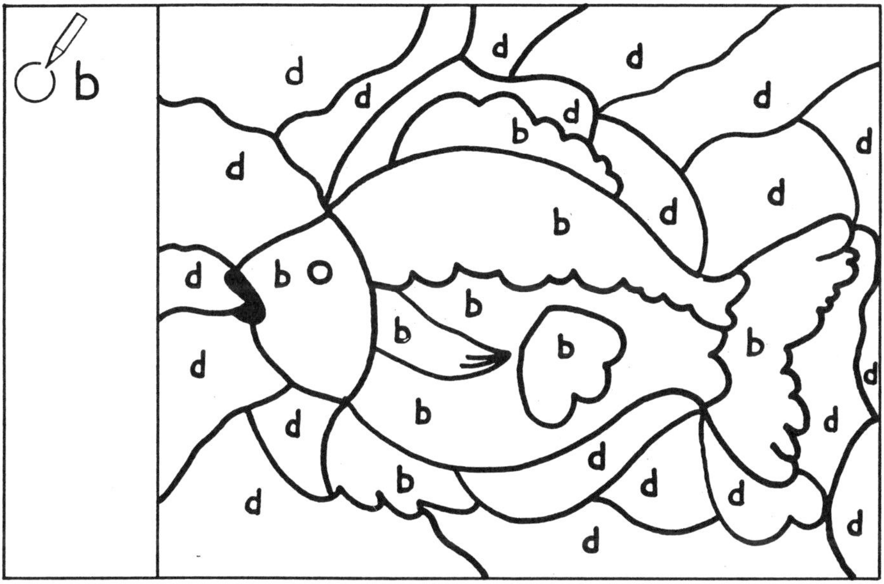

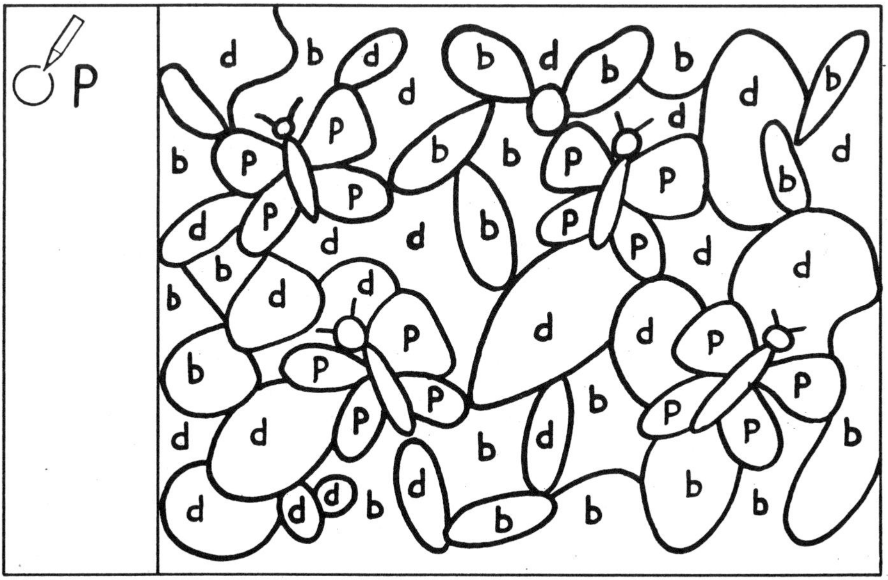

– Eine noch größere Anforderung ist gegeben, wenn ein wiederkehrender Buchstabe aus einer Buchstabenschlange optisch herausgelöst werden soll.[3]
– Will man gleichzeitig bestimmte Buchstaben einprägen, so empfehlen sich Arbeitsblätter nachstehender Art.[4] Dabei lässt man alle Felder desselben Buchstabens gleichfarbig anmalen.
Will man daraus ein dauerhaftes Arbeitsmittel herstellen, so klebt man das Arbeitsblatt auf Pappe,

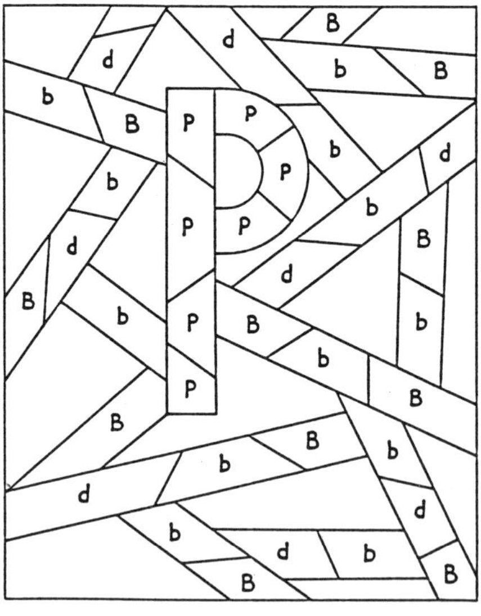

überzieht es evtl. mit Folie und schneidet es in Puzzlestücke. Auf das Anmalen der Felder muss in diesem Fall verzichtet werden. Möchte man allerdings den Schwierigkeitsgrad beim Puzzeln einschränken, dann gestaltet man die Puzzlestücke mit dem Hauptbuchstaben farbig.

– Es gibt eine Menge im Handel erhältliche Spiele, die besonders die Formauffassung trainieren helfen, z. B. Memories, Bilderlottos, Dominos, Puzzles.

Raum-Lage-Beziehungen müssen erkannt werden.

– Dazu lassen sich Vorlagen anfertigen, in denen die verschiedenen Richtungen (rechts – links, oben – unten) erkannt werden sollen:

Im ersten Beispiel werden alle Elefanten, deren Rüssel nach rechts bzw. nach links zeigen, eingekreist oder gleichfarbig ausgemalt.[5]

Im zweiten Beispiel wird in jeder Reihe *der* Fisch ausgemalt, der genauso aussieht wie der vorgegebene Fisch.[6]

Zeigt das Kind nicht genügend Sicherheit beim Erkennen der Raum-Lage-Beziehungen, so kann man auf zahlreiche Spiele zurückgreifen, z. B. Bildergeschichten und Memories.

– Auch durch Bewegungsspiele lässt sich der Richtungssinn schulen:

Mein rechter/linker Platz ist frei!
Nach Anweisungen etwas tun:

Hüpfe in die linke Ecke!
Hüpfe auf dem rechten Bein in die linke Ecke! . . .

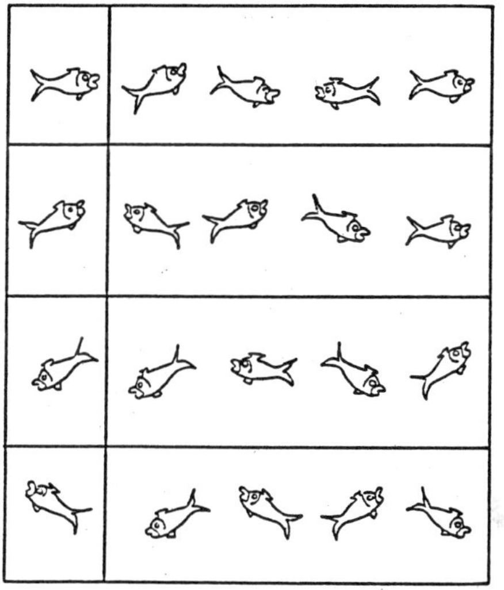

[3] Wolfgang Menzel, Jürgen Baurmann, Angelika Schuberg, Die Fibel. Übungsteil, Westermann Schulbuchverlag, Braunschweig 1986, S. 72

[4] Marga Vonhoegen / Hildegard Weiden in: Praxis Grundschule, Sonderband Vereinfachte Ausgangsschrift, Westermann Schulbuchverlag, Braunschweig 1988, S. 18/19

[5/6] a. a. O. Seite 21, Seite 8

Durchgliederungsfähigkeit: ein Wortganzes muss buchstabenweise, segmentiert aufgenommen werden.

– Dazu kann man ein in Druckschrift geschriebenes Wort vorgeben und auffordern, dieses in Einzelbuchstaben zu zerschneiden oder jeden Buchstaben in einer anderen Farbe nachzufahren. Da die Durchgliederungsfähigkeit eine wesentliche Rolle beim Lesen und Schreiben einnimmt, muss sie in besonderer Weise gesichert sein.

Integrationsfähigkeit: die grafischen Zeichen müssen in der richtigen Abfolge aufgefasst werden.

– Es bietet sich an, Bilder unter aufbauenden Gesichtspunkten ordnen zu lassen.

Die Bildkarte wird auf Pappe geklebt, die einzelnen Bildstreifen werden ausgeschnitten und die Rückseite mit einer Markierung versehen (Eigenkontrolle). Danach werden die einzelnen Bilder ausgeschnitten.[7]

– Auf der Wortebene lässt man aus ähnlichen Wortbildern, z. B. Hase – Hose – Dose, ein vorgegebenes herausfinden. Durch erhöhte Wortanzahl und geringe Wortveränderung lässt sich der Schwierigkeitsgrad steigern.

Speicher- bzw. Merkfähigkeit für grafische Zeichen muss vorhanden sein.

Hierzu lassen sich Spiele ausdenken, die vor allem das optische Gedächtnis trainieren helfen.

– Man fertigt ein Memory an, auf dem grafische Zeichen irgendwelcher Art bzw. Buchstaben zu sehen sind. Zwei Karten erhalten jeweils das gleiche Zeichen.
– Dem Kind wird ein Buchstabe gezeigt, der danach verdeckt wird. „Suche diesen Buchstaben aus deiner Buchstabenkiste heraus!“
– Kim-Spiele: Eine Anzahl von Gegenständen wird vor die Kinder gelegt. Sie prägen sich diese Dinge ein. Danach schließen sie die Augen. Ein Gegenstand wird fortgenommen bzw. dazugelegt. Ein Kind benennt diesen Gegenstand. An Stelle von Gegenständen kann auch mit Buchstaben gespielt werden.
– Optische Übungen, die nicht auf das Einprägen von Buchstaben gerichtet sind, können z. B. auch im Mathematikunterricht durch Legen von Formen – Kreisen, Dreiecken, Quadraten, Rechtecken – zu Fantasiegebilden oder Abbildungen von Konkretem durchgeführt werden, durch Faltübungen oder auch Färbübungen, in denen Überschneidungen aller Art entstehen.

[7] a. a. O. Seite 8

Für den akustischen Bereich gilt:

Vom Organischen her muss der Hörvorgang gewährleistet sein.
Dies wird vor Schuleintritt vom Schularzt überprüft. Hörstörungen sind den Eltern im Allgemeinen bekannt. So informieren sie den Lehrer, wenn ihr Kind organbedingte Hörmängel hat, evtl. nur auf einem Ohr hörfähig ist. Man kann durch Zuweisung eines geeigneten Sitzplatzes dem Kind entgegenkommen.

Der optische Reiz muss in akustische Signale umgewandelt werden.
Im Zweifelsfall kann man Kinder zu einem Bild sprechen lassen, ausländische Kinder in ihrer Muttersprache. Sie sollen das Gesehene artikulieren.

Die Lautabfolge muss gemäß dem optischen Reiz reproduziert werden.
- Man lässt zunächst einfache Wörter nachsprechen und steigert zu Zungenbrechern.
- Man hält das Kind zum Zungenturnen an, z. B. Zunge aus dem Mund strecken, nach oben, unten, links, rechts.
- Das Kind artikuliert durch Mund- und Lippenbewegungen so deutlich, dass der Mitschüler das Wort „ablesen“ kann.
- Es werden Geräusche nachgeahmt.

Ähnlich klingende Laute müssen unterschieden werden.
- Das Kind sucht aus einer Anzahl von Gegenständen *einen* heraus, der anders anfängt als die anderen, z. B. Brot, Butter, Bauklötze, Päckchen; Gabel, Giraffe, Kordel, Gummibärchen, Gürtel.
  Diese Übung lässt sich auch mit Bildern aus Lottospielen oder als Arbeitsblatt gestalten.
- Eine weitere Möglichkeit ist das Spiel „Wattepusten“ und im Gegensatz dazu „Watteblasen“. Dabei liegt die Watte auf der Hand. Sie darf beim Darüberblasen nicht hinunterfallen. Dem Kind wird auf diese Weise der Unterschied zwischen hart und weich nahe gebracht.

Dem einzelnen Laut muss der richtige Stellenwert (Lautqualität) zugeordnet werden.
Diese Schwierigkeit ist in der Grundschule im Allgemeinen beschränkt auf ausländische Kinder. Sie betonen häufig erst dann richtig, wenn sie das Wort inhaltlich kennen und es bereits im lexikalischen Speicher verfügbar haben. Während des Leselehrgangs tritt es gelegentlich auch bei deutschen Kindern auf; sie lesen z. B. „Es**e**l“, korrigieren jedoch die Betonung, wenn sie das Wort inhaltlich verstanden haben.
Man sollte im Umgang mit Kindern stets Sprachvorbild sein, da das Kind seine eigene Ausdrucksweise daran misst, korrigiert oder deren Richtigkeit bestätigt findet.
Die Fähigkeit zur Lautauffassung und Lautwiedergabe spielt besonders im 1. Schuljahr eine erhebliche Rolle beim Aufschreiben von Wörtern. Da das Kind nicht alle Wörter auswendig lernen kann, bevor es sie aufschreiben möchte, orientiert es sich daran, wie es die Laute hört. Es ist daher für die Rechtschreibung notwendig, durch vielfältige akustische Übungen das Gehör der Kinder in Bezug auf laut/leise, hoch/tief, lang/kurz, hart/weich zu schulen. Dies lässt sich spielerisch tun durch
rhythmisches Klatschen,
Tierstimmen nachahmen,
nach Vorgabe klatschen,

Klopfspiele (Ein Kind klopft von außen bis zu 10x an die Türe. Geübte Kinder wechseln zwischen langen und kurzen Schlägen, lauten und leisen. Die Kinder zählen leise mit. Häufig wird, bedingt durch die Erwartungshaltung, ein Klopfzeichen zu viel gezählt.),
Flüsterpost,
rhythmisches Sprechen,
hohe und tiefe Töne unterscheiden (Orffsches Instrumentarium) . . .

Als Teilleistungen im lexikalischen Speicher, der die Sinnentnahme ermöglicht, muss das Kind über folgende Fähigkeiten verfügen:

Wortklangbilder speichern.
Dem Ausbau dieser Fähigkeit dienen alle akustischen Übungen, die das Gedächtnis trainieren, z. B.

- Ich packe meinen Koffer,
- Gegenstände des Raumes benennen (Spielart wie Kofferspiel),
- Quartettspiel,
- Memory (die gezeigten Abbildungen müssen dabei vom Kind benannt werden),
- Kim-Spiele,
- einen kleinen Satz vorsprechen, nachsprechen lassen, die Satzlänge steigern,
- einen Satz stückweise vorsprechen, nachsprechen lassen, erweitern, wieder nachsprechen lassen usw., z. B.
  ich male
  ich male mit dem Pinsel
  ich male mit dem Pinsel ein Bild
  ich male mit dem Pinsel ein Bild auf das Papier,
- kleine Verse auswendig lernen,
- Reimwörter suchen . . .

Aus der Fülle der Vorstellungen eine Auswahl treffen.

- Die Kinder tragen zu einem vorgegebenen Oberbegriff Gegenstände zusammen.
- Man zeigt dem Kind eine Reihe von Gegenständen, die fast alle zu einem Oberbegriff passen. Das Kind soll die „falschen“ aussortieren.
- Solche Übungen lassen sich auch als Arbeitsblätter gestalten (siehe S. 33):

  Das Kind streicht alles durch, was nicht zum Zirkus gehört.[8]

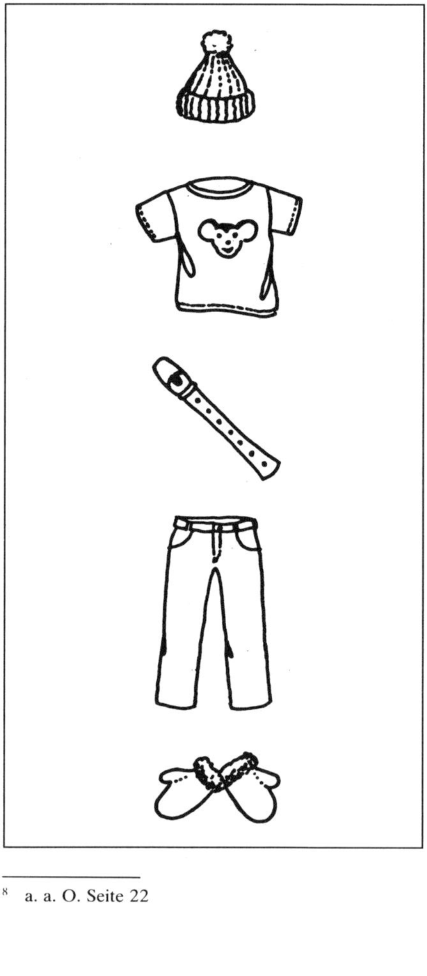

[8] a. a. O. Seite 22

westermann

– Es dient diesem Ziel auch, wenn man mit Kindern Oberbegriffe sucht und z. B. Bildkarten entsprechend ordnen lässt. Bilder aus Lottospielen bieten sich dafür an. Ein entsprechendes Arbeitsblatt könnte wie das nebenstehende aussehen.

Das Kind schneidet alle Kreise aus und legt/klebt zu einem Oberbegriff gehörende Kreise nebeneinander. Es kann weitere passende Bilder hinzumalen.[9]

– Als Spielmöglichkeit lassen sich Würfelspiele zu einem bestimmten Oberbegriff ausdenken. Spielregeln werden selbst gefunden und vereinbart, z. B.: Immer, wenn man auf ein Tierbild kommt . . .[10]

[9] a. a. O. Seite 23

[10] a. a. O. Seite 24

Buch

– Auch Quartett, Memory und Schwarzer Peter sind denkbar. Für ein Quartett benötigt man jeweils vier Karten zu einem Oberbegriff, z. B. Tiere – Kleidung – Fahrzeuge – Blumen. Bei einem Memory gehören immer zwei Karten zu einem Begriff, z. B. zwei Abbildungen eines Gegenstandes oder jeweils die Abbildung eines Gegenstandes und ein dazu passendes Verb, Beispiel:

Als Vorlage für ein Schwarzer-Peter-Spiel kann die Abbildung auf Seite 35 dienen.

Dem Wortklangbild innerhalb des Satzes den gemeinten Stellenwert geben.
Das Verständnis dafür lässt sich fördern, indem man das Kind nach Anweisung handeln lässt, etwa: Es liegen zahlreiche Gegenstände bereit. Man sagt: „Bring die *rote* Dose in das *untere* Regal!"

Dem Wortklangbild einen bereits bekannten Sinn zuordnen.
Vor allem bei ausländischen Kindern muss stets geprüft werden, ob sie über den Wortschatz auch inhaltlich verfügen. Ihr Lesen besteht sonst später aus reiner Lesetechnik, ihre Informationsentnahme ist nicht gesichert. Man kann Kinder zu Bildern erzählen lassen, ihnen eine Reihe von Lottobildern vorlegen, aus denen sie jeweils ein genanntes herausholen.

Richtig artikulieren.
Um die Artikulation zu schulen, kann man sich aller akustischen Übungen bedienen (vgl. S. 31/32).

Übungen zur Förderung der Wahrnehmungsfähigkeit während des Leselehrganges

Im Verlauf des Erstleseunterrichts stehen die Bereiche Optik, Akustik und Sinnentnahme in ständiger Wechselwirkung. Immer wieder muss man sich neue Ideen einfallen lassen, um die Erarbeitung von Buchstaben und Wörtern, vor allem aber ihre Übung motivierend zu gestalten. Den vielen schriftlich niedergelegten Möglichkeiten in Handbüchern zu Fibeln möchte ich einige fibelunabhängige hinzufügen, die ich aus Darstellungsgründen den verschiedenen Bereichen zuordne, obwohl sie im Allgemeinen mehreren Zielen dienen.
Dabei lassen sich unspezifische, das Ziel allgemein anstrebende Übungen von solchen trennen, die gezielt vorgehen. Die erste Gruppe von Möglichkeiten dient gleichzeitig auch dem Ausgleich von Wahrnehmungsmängeln.

Unspezifische optische Übungen

– Wie kommt die Maus zum Käse?

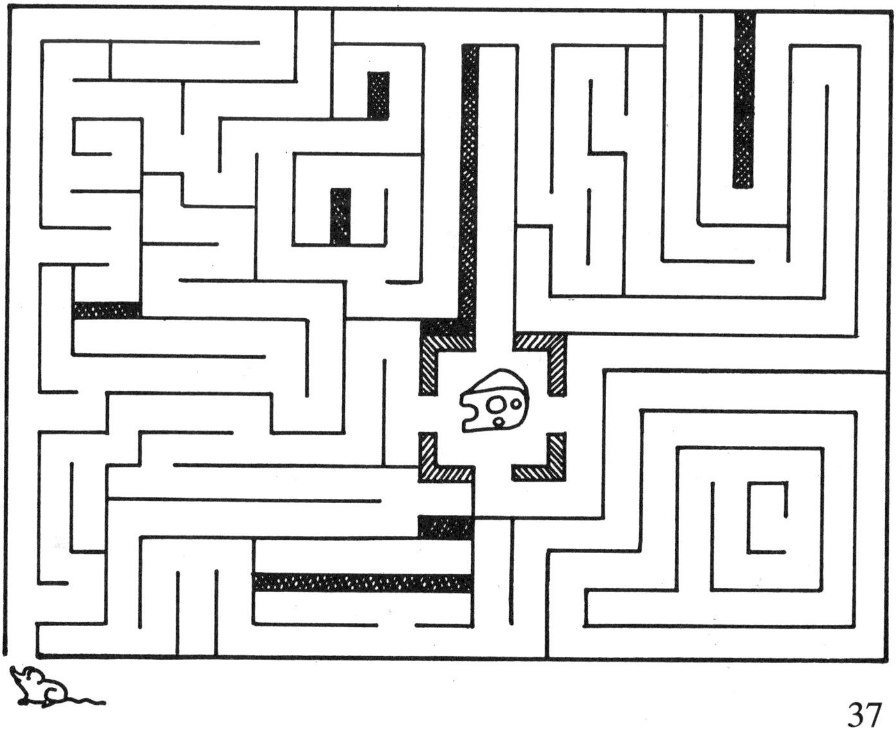

– Suchspiel: Es besteht aus zwei – auf den ersten Blick – identischen Bildern, die sich an einigen Stellen unterscheiden. Das Kind kennzeichnet diese Stellen und kann durch eine aufgelegte Folie, auf der die Veränderungen markiert sind, kontrollieren. Solche Bilder lassen sich aus Illustrierten ausschneiden. Überzieht man sie nach dem Aufkleben mit Folie, sind sie langfristig verwendbar.

– Beim Drachensteigen ist Wind aufgekommen. Die Schnüre haben sich verfangen.

– Mutters Wollknäuel haben sich verfangen.

– Welche Formen passen zusammen?

– Kim-Spiele (S. 31)

– Bilder nach Vorlage vervollständigen

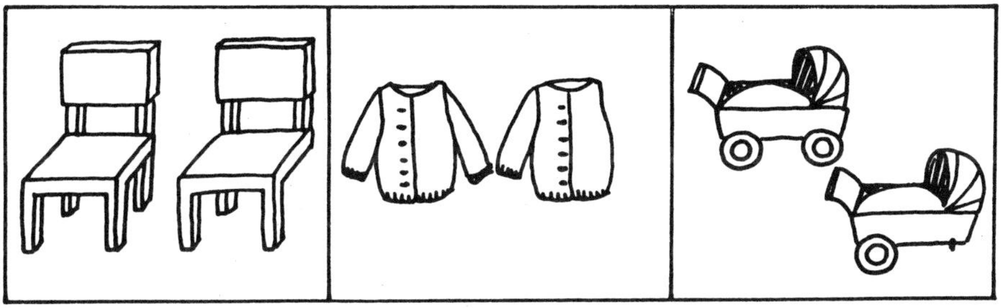

Bedenkt man, dass geringe Strichveränderung eine Buchstabenveränderung bedeuten kann: r – n, n – m, so sieht man die Notwendigkeit exakter Formauffassung und -wiedergabe.

– Bilder aus der Vorstellung ergänzen oder verändern

— Gleiches anmalen

— Spiel: Ich sehe was, was du nicht siehst.

— Sechs bis acht Bilder an die Tafel malen. Kinder prägen sich die Abbildungen ein, legen dann den Kopf auf den Tisch. Lehrer/Kind wischt eine Zeichnung fort. Kinder benennen, was verschwunden ist. So werden nacheinander alle Zeichnungen fortgewischt. Nun zeigt der Lehrer/das Kind auf eine leere Stelle an der Tafel. Kinder sagen, was dort gemalt war. Dieses optische Spiel ist gleichzeitig auch Konzentrationsübung und Gedächtnistraining.

[1] Lehrerhandbuch zum System RADIGK, Pädagogischer Verlag Schwann, Düsseldorf 1973

Spezifische optische Übungen

Zur Unterstützung der Lautfestigung vereinbare ich mit meinen Kindern für jeden Laut ein Zeichen. Dabei stütze ich mich bei den ersten Zeichen auf das System von Radigk[1] (S. 41/42).

Es macht den Kindern viel Spaß, wenn sie nach der Einführung eines Lautes/Buchstabens ein körpersprachliches Zeichen selbst erfinden dürfen. Das Zeichen sollte gut sichtbar sein. Es eignet sich daher keine Fingersprache. Das Zeichen kann

— der Buchstabenschrift nachempfunden sein (s. Zeichen für „u"),
— der Anfangslaut des gezeigten Körperteils sein (wenn man für „d" den Daumen wählt)

A
O
I
E
U
Ei
Au
Eu
M
N
L
R
S
T
D
B
F
H

— oder der Empfindung entlehnt sein (für „ei" streicht man sich mit der flachen Hand über die Wange).

Beim Suchen eines Zeichens für den Laut „h" zog ein Kind die Schultern hoch, ließ sie wieder zurückfallen und sagte: „So mach ich immer, wenn ich müde bin."

Vorschlag für ein Handzeichenalphabet (vgl. S. 44/45)

- A Die Hände vor dem Gesicht zu einem Dach formen.
- B Die Handinnenflächen an die aufgeblasenen Wangen legen.
- D Eine Hand zur Faust ballen, Daumen hoch strecken.
- E Beide Zeigefinger in die Mundwinkel stecken und den Mund breit ziehen.
- F Die ausgestreckte geballte Faust zeigen.
- G Das Zeichen ist der phonetischen Bildung des /g/ nachempfunden. Die Finger einer Hand werden nach innen geschlossen, die so entstandene Faust wird unter das Kinn gehalten und langsam nach vorn geöffnet.
- H Die Schultern hoch ziehen.
- I Der kleine Finger zeigt nach oben.
- J Mit dem Kopf nicken („ja“ sagen).
- K Mit der Hand ans Knie fassen.
- L Arme lang machen, weit auseinander strecken.
- M Zeige-, Mittel- und Ringfinger auf den Mund legen.
- N Nase zwischen Zeige- und Mittelfinger packen.
- O Mit Zeigefinger und Daumen ein O formen; die übrigen Finger stehen hoch.
- P Hand mit der Innenfläche in kurzem Abstand vor den Mund halten.
- R Eine Hand zur Faust ballen; mit der Innenfläche der Faust gegen die Innenfläche der geöffneten Hand reiben.
- S Mit dem Zeigefinger unter der Nase entlangfahren (ssst).
- T Einen Arm waagerecht, den anderen senkrecht darunter halten (T-Bildung).
- U Ein U vor dem Mund formen mit beiden Daumen und allen Fingern.
- V Mit beiden Händen ein V bilden: Daumen nach innen gebogen, Zeigefinger stoßen aneinander.
- W Mit der Hand eine Wellenbewegung ausführen.
- X Die Arme auf der Brust verschränken.
- Z Der Zeigefinger berührt einen Zahn.
- Eu Zeigefinger und Daumen beider Hände bilden einen Kreis und werden als Brille vor die Augen gehalten (Eule).
- Au Mit Daumen und Zeigefinger in den Oberarm kneifen („au!“).
- Sch Mit den Armen die Räderbewegung der Lokomotive nachahmen (sch – sch – sch).
- Ch Die beiden kleinen Finger werden zwischen die Zähne gehalten (Mund nicht so breit wie beim E). Die Fingerstellung ermöglicht auch Kindern mit Schwierigkeiten bei der Bildung des s-Lautes die Abgrenzung des ch-Lautes gegenüber dem sch-Laut.
- Ei Mit der flachen Hand über die Wange streichen („ei!*).

C, X und Qu sind nicht aufgeführt. Diese Buchstaben werden im 1. Schuljahr – wenn überhaupt – erst sehr spät eingeführt. C wird im Allgemeinen nur in Verbindung mit h angeboten und bildet dann einen eigenen Laut. C als Einzellaut wird in der Regel /k/ oder /ts/ gesprochen (Carla, Cäcilie). Y und Qu sind seltene Buchstaben, die nur in wenigen Wörtern des Grundwortschatzes vorkommen.

Entscheidend ist nicht, welches Zeichen gewählt wird, sondern dass Laute in einen anderen „Kanal“, eben in Körpersprache, übertragen werden. In einer solchen Lautsprache üben wir lesen und rechtschreiben gleichzeitig bereits in den ersten Schulwochen. Die Kenntnis zweier Laute/Buchstaben/

A
B
D
E
I
J
K
L
P
R
S
T
X
Z
Eu
Au

F
G
H
M
N
O
U
V
W
Sch
Ch
Ei

Zeichen genügt, um Synthese betreiben zu können. Ein Kind, das „Pu“ an der Tafel liest, erfasst dieses ganzheitlich; das in Handzeichen dargestellte Wort erfordert Zusammenschleifen der Laute.
Ich habe bei vielen Kindern erlebt, dass sie die Wörter nach Handzeichen erlasen. Schrieb ich dasselbe Wort an die Tafel, so wussten sie nichts mit diesen Zeichen anzufangen. Sie vollzogen die Synthese bereits auf einer weniger abstrakten Stufe, als bei der Darstellung der Grapheme erforderlich ist.
Mit den Handzeichen lässt sich spielerisch, daher sehr motivierend und konzentrationsfördernd umgehen. Zunächst zeige ich in Zeichen ein Wort. Die Kinder erlesen es synthetisierend und nennen es. Danach flüstert mir ein Kind ein Wort seiner Wahl ins Ohr – ich möchte es auf evtl. rechtschriftliche Schwierigkeiten, z. B. Dopplung/ Dehnung aufmerksam machen können –, dann zeigt es sein Wort und ruft einen Mitschüler auf, der das gelesene Wort laut sagt. In der Zwischenzeit hat sich Folgendes abgespielt: Der Spieler muss, um die Zeichen geben zu können, die Lautabfolge entweder bereits gespeichert haben oder sie, wie beim Aufschreiben, innerlich abhören. Seine Handzeichenfolge ist eigentlich schreiben, kodieren. Seine Mitspieler erlesen, dekodieren. Natürlich lässt sich das Spiel auch variieren. Zudem lässt es sich in jeder Sozialform durchführen. Man kann z. B. das Wort in Handzeichen vorgeben, die Kinder schreiben anschließend das „Gelesene“ auf. Dabei sollte man dem Kind sagen, ob das Wort mit einem großen oder kleinen Buchstaben beginnt.
Bereits im Leseprozess sollte man die Aufmerksamkeit der Kinder besonders auf die Vokale lenken. Es gibt kein deutsches Wort ohne einen Vokal. Seine Länge bzw. Kürze übt Einfluss auf die Schreibung des Wortes aus. Da die Vokale auf Grund flacher Artikulation häufig miteinander verwechselt werden (a mit o, o mit u, e mit i), sollte auf ihre deutliche Aussprache geachtet werden. Es hilft Kindern, wenn sie mit Hand- oder Taschenspiegeln die Mundstellung beim Sprechen des jeweiligen Vokals und die Veränderungen der Lippen entdecken. Sie sollten bei Mitschülern an Hand der Mundbewegungen den Vokal erkennen können. Unterstützend wirken hierbei auch Mundbilder.[2]

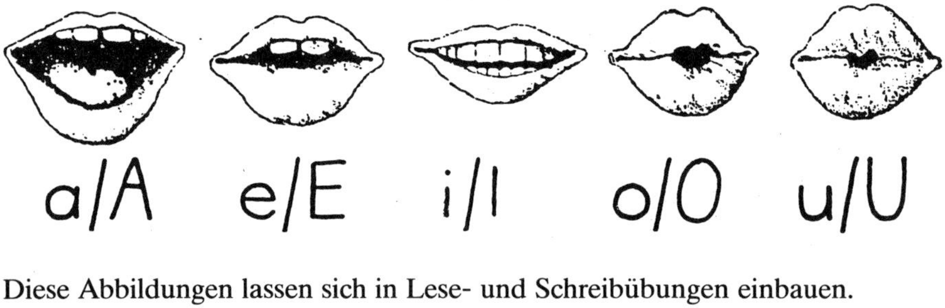

Diese Abbildungen lassen sich in Lese- und Schreibübungen einbauen.

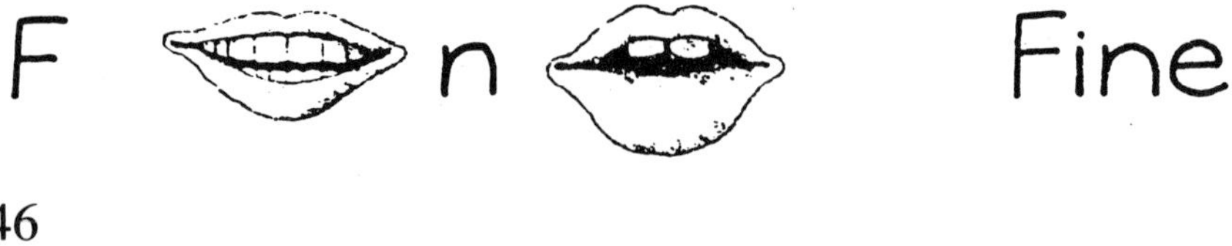

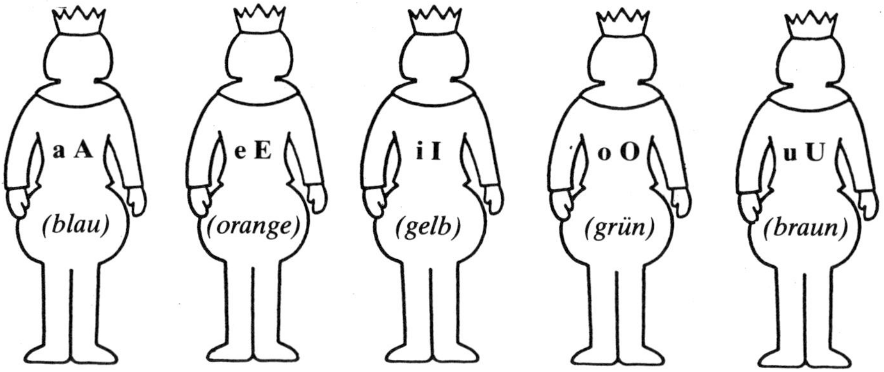

Um die Wichtigkeit der Vokale herauszustreichen, werden sie in meiner Klasse „Könige“ genannt. Für das Grundschulkind ist der König noch immer eine wichtige Persönlichkeit. Es liegt daher nahe, ihn als Symbol für die Bedeutung des Vokals zu nutzen. Er hat die „Macht“, Wörter zu verändern (H**a**se/H**o**se . . .). Selbstverständlich kann jeder andere Bedeutungsträger diese Funktions- und Motivationsrolle übernehmen.

Die Könige gibt es für die Tafel bzw. Flanelltafel und für jedes Kind in verkleinerter Form. Jeder König wird mit seinem Namen in großen und kleinen Druckbuchstaben beschriftet und anschließend bemalt. Die Farben der Könige entsprechen der Klangqualität der Laute: Der hellste König „i I“ wird mit der hellsten Farbe, also gelb, der dunkelste König „u U“ wird braun bemalt.[3]

Mit den Königen lassen sich zahlreiche Lesespiele durchführen, mit denen schwerpunktmäßig jeweils der optische, der akustische und/oder der senso-motorische Bereich angesprochen wird.

– Jedes Kind legt seine fünf Könige vor sich hin. Man nennt ein Wort, in dem ein König zu hören ist, z. B. Rad. Die Kinder nehmen den den gehörten Laut repräsentierenden König und zeigen ihn hoch. Da der König „a“ von allen Kindern mit der gleichen Farbe angemalt wurde, sieht man mit einem Blick, ob Lautunterscheidungsschwierigkeiten im Bereich des Vokals auftreten.

Dieses kleine Spiel lässt sich bereits nach der Erarbeitung des ersten Vokals durchführen. Vor dem Kind liegt dann nur der betreffende König. Das Kind zeigt ihn, wenn es in einem genannten Wort diesen Vokal hört. Zunächst sollte man Wörter wählen, in denen der Vokal lang und betont gesprochen wird. Das Heraushören kurzgesprochener Vokale ist erheblich schwieriger.

Sind die Kinder durch häufiges Training in der Zuordnung *eines* Königs bereits sicher geworden, so nennt man Wörter mit zwei, später auch drei Vokalen.

Es bedeutet eine erhöhte Schwierigkeit, wenn Kinder mehrere Köni-

---

[2] hier aus: Wolfgang Menzel, Jürgen Baurmann, Angelika Schuberg, Die Fibel. Übungsteil, Westermann Schulbuchverlag, Braunschweig 1994

[3] Marga Vonhoegen / Hildegard Weiden in: Praxis Grundschule, Sonderband Vereinfachte Ausgangsschrift, Westermann Schulbuchverlag, Braunschweig 1988, S. 31

ge in den Händen halten und sie der Reihenfolge der Vokale im Wort entsprechend benennen sollen. Beispiel: Lehrer/in sagt „Nase". Kind zeigt die beiden Könige und sagt: Zuerst kommt der König „a", dann der König „e".
Selbstverständlich lässt sich das Spiel auch in Partner- und Gruppenarbeit durchführen. Dabei sollte man darauf achten, dass in jeder Gruppe ein lautsicheres Kind ist, das kontrollieren und berichtigen kann.

- Der Lehrer/die Lehrerin schreibt ein Wort an die Tafel. An Stelle des Vokals setzt man einen Punkt. Die Kinder probieren aus, welcher König in die Lücke hineinpasst. Sie nennen den passenden Vokal und schreiben ihn farbig, der Farbe des Königs entsprechend, in die Lücke. Das entstandene Wort wird gelesen. Auch diese Übung muss nicht frontal im Klassenunterricht erfolgen. Sie kann ebenso in Gruppen unterschiedlicher Größe durchgeführt werden.

  Beispiel: Tafel: R.d
  1. Kind: Ich nehme den König „a". (Das Kind hält den Tafelkönig „a" in die Lücke.) 2. Kind: Liest das Wort und schreibt den Buchstaben farbig in das Wort.
- Der Spieler nennt und zeigt einen König. „Wer nennt als erster ein Wort, das mit diesem König beginnt?"
- Der Spieler zeigt einen beliebigen König. „Wer ruft als erster ein Wort, in dem dieser König an zweiter bzw. dritter Stelle steht?" Noch schwieriger wird es, wenn der Spieler zwei Könige zeigt, evtl. auch die Reihenfolge dieser Könige im Wort festlegt.

Zum optischen Einprägen von bereits erarbeiteten Buchstaben eignen sich z. B.

- Memory (großer und kleiner Druck-/Schreibschriftbuchstabe bilden ein Paar),
- Domino

	T		t	A		a	

  und Schwarzer Peter mit großen und entsprechenden kleinen Buchstaben.
- Besondere Konzentration erfordert „Blinde Kuh" mit Buchstaben. Dabei müssen die erhaben aufgebrachten Buchstaben vom Kind ertastet werden. Man trägt dazu auf Pappe raues Material in Buchstabenform auf (Sand oder Schmirgelpapier aufkleben).
- Buchstaben lassen sich auch kneten, großflächig aufmalen und ausschneiden oder aus langen Pfeifenputzern (Chenilledraht) nachformen. Solche haptischen Übungen fördern neben dem optischen Bereich den sensitiven, den Tastsinn.
- Es lassen sich auch Puzzle herstellen, die beim Zusammensetzen *einen* Buchstaben im Bildmittelpunkt ergeben (vgl. S. 28).
- Kim-Spiele lassen sich auch mit Buchstaben durchführen. Dazu schreibt man bereits bekannte große und kleine Buchstaben an die Tafel oder legt sie vor die Kinder und spielt, wie S. 31 beschrieben.
- Ein Spiel zur Zuordnung von Groß- und Kleinbuchstaben kann man wie folgt herstellen: Man unterteilt zwei Karten in Felder für Buchstaben und beschriftet eine Karte mit Großbuchstaben, die andere Karte mit den entsprechenden Kleinbuchstaben in spiegelbildlicher Anordnung. Die Karte mit den Kleinbuchstaben beklebt man auf der

Rückseite mit einem Bild und schneidet sie anschließend auseinander. Das Kind legt die Kleinbuchstaben mit der Bildseite nach oben auf die Großbuchstaben; Lösungskontrolle ist das Bild.
Das Spiel ist übertragbar auf die Zuordnung von Druck- und Schreibschrift.

— Es ist eine beachtliche Leistung, wenn Kinder zu einem Wortstück den richtigen Anlaut ergänzen. Zum Bewusstmachen eines Anlautes lässt sich folgende Übung durchführen: Man zeigt auf dem Tageslichtprojektor (an der Tafel, auf einem Arbeitsblatt) eine Folie mit Bildern. Die Kinder erkennen, dass alle Begriffe mit demselben Laut beginnen. Sie benennen ein Bild und fügen ein vorgefertigtes Wortstück, dem der erste Buchstabe fehlt, dazu. Sie lesen das Wortstück und sagen: „Wenn ich ein /k/ davor setze, heißt das Wort ‚Kanne'." Dabei schreiben sie den fehlenden Buchstaben vor das Wortstück.

Unspezifische akustische Übungen

— Frage- und Antwortklatschen: Man stellt den Kindern eine Frage und klatscht dazu im Sprechrhythmus. Ein Kind gibt, begleitet von rhythmischem Klatschen, die Antwort.
— Metronomklatschen: Das Kind spricht im Rhythmus eines Metronoms. Es schaut auf den Zeiger des Metronoms und bewegt, diesem Rhythmus entsprechend, seinen Arm. Auf eine ihm gestellte Frage antwortet es im Gleichklang mit dem Zeiger. Mit geschlossenen Augen ist die Bewältigung der Aufgabe erheblich schwieriger. Diese Übung eignet sich besonders für Kinder mit Sprachhemmungen.
— Rhythmisches Bewegen zum Tamburin
— siehe auch S. 31/32

Spezifische akustische Übungen

Anlaut heraushören

– Spielmöglichkeiten wie Memory, Domino, schwarzer Peter: Paare sind jeweils zwei Bilder, deren Begriffe mit gleichem Anlaut beginnen, oder Bild und Wort mit identischem Anlaut (siehe unten).
– Wortball: Dem Kind wird ein Ball zugeworfen; dabei wird ein Wort genannt. Das Kind wirft den Ball zurück und nennt den Anlaut. Das Spiel lässt sich auch umkehren. Man wirft den Ball zu und nennt einen Laut. Das Kind wirft den Ball zurück und sagt ein Wort mit entsprechendem Anlaut.
– Einen Anlaut vorgeben. Aus Lottospielen (Katalogen) Bilder zu diesem Laut aussortieren (ausschneiden) lassen.

Stellenwert des Lautes hören

– Übungen dazu finden sich in allen

oder

oder

Übungsteilen zu Fibeln. Ich habe mir zu den meisten Lauten Karten angelegt. Dazu habe ich Bilder aufgeklebt, in denen ein bestimmter Laut vertreten ist, und darauf geachtet, dass er am Anfang, in der Mitte und am Ende vorkommt. Unter die Bilder sind jeweils drei Löcher gestanzt, der Größe von Steckstöpseln (im Spielwarenhandel erhältlich) angepasst. Auf der Rückseite der Karte ist das jeweils richtige Loch farbig umkreist, so dass für das Kind Eigenkontrolle möglich ist (siehe S. 50).
Für die Laute /o/ und /e/ habe ich mehrere Karten angelegt, solche mit geschlossenem /o/ bzw. /e/, mit offenem /o/ bzw. /e/ und jeweils eine gemischte Karte.

Auslaut und Anlaut hören

– Ein Kind nennt ein Wort. Das nächste Kind nennt ein Wort, das mit dem Auslaut des vorigen Wortes beginnt. (Bei Wörtern mit Auslautverhärtung muss man das Wort verlängern. Kinder werden dabei im Spiel mit dieser rechtschriftlichen Hilfe bekannt gemacht.) Die Wörterschlange lässt sich beliebig verlängern.

Übungen zur Sinnentnahme

– Auf Grund eines Bildes und des dazugehörigen Anlautes auf das Wort schließen.

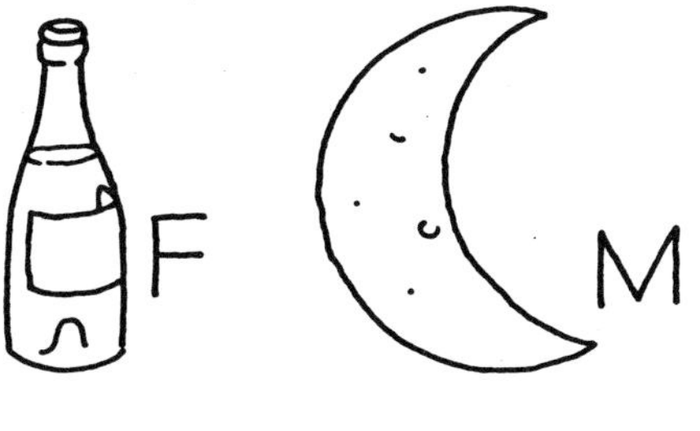

Ein wenig schwieriger ist es, wenn man einige Anfangssilben optisch vorgibt und Bilder dazu in ungeordneter Reihenfolge bereithält.

Diese Anordnung erfordert das Zusammenschleifen von zwei Buchstaben; auf Grund der Sinnerwartung findet das Kind aus einer Auswahl das zugehörige Bild.

– Aufzug: Um das Zusammenschleifen von zwei Buchstaben zu trainieren, benutze ich einen „Aufzug“ (siehe S. 52). Auf einem Pappstreifen stehen senkrecht untereinander bereits erarbeitete kleine oder große Druckbuchstaben. Den Buchstabenstreifen befestige ich an der Tafel. Über einen Nagel, der in der Oberkante der Tafel steckt, lasse ich ein langes Stück Kordel laufen. Am Ende hängt eine Buchstabenkarte.

Der Spieler zieht an der Kordel und stoppt an einer beliebigen Stelle des Buchstabenstreifens. Er bittet einen Mitschüler, die entstandene Buchstabenfolge zu lesen und ein Wort zu nennen, das so anfängt.

Natürlich nennen Kinder Wörter, die klein- oder großgeschrieben werden. Ich halte das nicht für rechtschriftlich problematisch, da bei diesem Spiel nichts aufgeschrieben wird. Es geht bei diesem Lesespiel um das Zusammenschleifen von Lauten (sie sind im Gegensatz zu Buchstaben weder groß noch klein) und das Hinführen zum Verständnis dafür, dass Lautkombinationen Bestandteile von Wörtern sind. Nach heutiger didaktischer Auffassung sind selbst falsch geschriebene Wörter im Erstleseunterricht zulässig, denn sie zeigen, dass sich ein Kind auf dem Wege zum Verfügbarmachen der Schrift befindet. Wer Falschschreibungen nicht zulässt, kann Kinder erst schreiben lassen, wenn sie viele Wörter gespeichert haben. Das aber überfordert die meisten Kinder. Er unterbindet damit Spontanschreiben und hindert Kinder daran, nach Herzenslust und Bedürfnis zu schreiben.

- Zauberspiel: Eine weitere Möglichkeit, zum entscheidenden Schritt der Synthese (Binden von *zwei* Buchstaben) beizutragen – den nur das Kind selbst vollziehen kann –, sehe ich im „Zauberspiel". Zwei Kinder erhalten verdeckt je eine Buchstabenkarte (ein Vokal am Anfang ist schwieriger als der Beginn mit einem Konsonanten). Sie stehen jeweils rechts bzw. links von *einem* Stuhl. Hinter dem Stuhl steht der Zauberer. Das erste Kind beginnt, nachdem es seine Karte angeschaut hat: „Ich bin die Frau ‚b'." Das andere Kind sagt: „Ich bin der Herr ‚i'." Der Zauberer macht nun Zauberbewegungen, lässt sich etwas einfallen, etwa: „Abrakadabra, dreimal schwarzer Kater, aus ‚b' und ‚i' wird . . ." Dabei setzen sich die beiden Kinder gleichzeitig auf den Stuhl, halten ihre Buchstabenkarten sichtbar nebeneinander. Die Mitspieler lesen die entstandene Buchstabenfolge. ein Kind nennt sie, alle suchen gemeinsam nach einem Wort, das so beginnt, z. B. Birne, Bild.
- Karussellfahrt: Man bastelt aus Pappe ein Karussell, schreibt in jede Gondel einen bekannten Buchstaben, hält hinter die Pappe über den

Mittelpunkt ein Stück Karton und verbindet beide Teile in der Mitte mit einer Musterklammer. Das Karussell ist nun drehbar. Man kann das hintere Stück Karton mit doppelseitigem Klebeband an die Tafel, auf den Tisch oder den Boden kleben. Rechts neben das Karussell schreibt man einen Buchstaben. Ein Kind dreht das Karussell, ein anderes liest die beiden Buchstaben zusammen, ein weiteres Kind nennt ein Wort, das mit diesen Buchstaben beginnt, oder – je nach Lesefortschritt – ein Wort, in dem diese Buchstabenkombination zu hören ist.

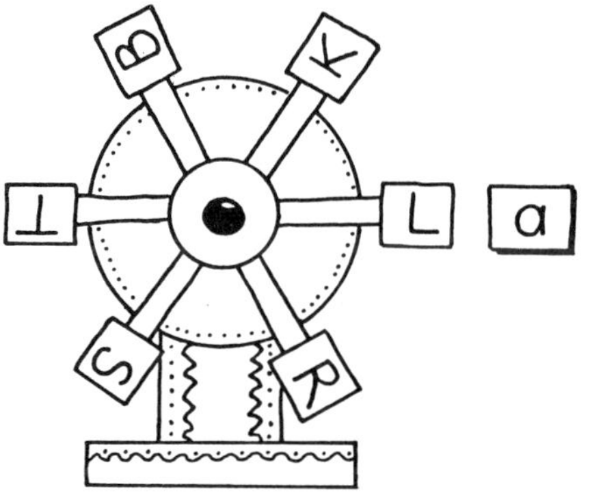

– Lesesack: Er ist ein rechteckiger Stoffsack zum Umhängen. Auf der Vorderseite ist eine längliche Blende zum Durchschieben von Wörtern aufgesetzt.
  Wörter, die das Kind ganzheitlich oder auf Grund bekannter Buchstaben erlesen kann, werden in der großen Tasche aufbewahrt. Für eine tägliche, wenige Minuten dauernde Leseübung werden einige Wortkarten in die Vordertasche geschoben. Dann kann man einem Kind den Sack umhängen. Es zieht eine Wortkarte buchstabenweise heraus und lässt seine Mitschüler auf diese Weise synthetisierend erlesen.
  An Stelle des Lesesacks lässt sich die Übung auch mit einem Leseauto, einem Lesekrokodil . . . durchführen.
– Rätsel: Man nennt einfache, von allen Spielern zu lösende Aufgaben und fordert sie auf vom jeweils erratenen Begriff den ersten Buchstaben aufzuschreiben. Die ersten Buchstaben ergeben hintereinander gelesen das Lösungswort.

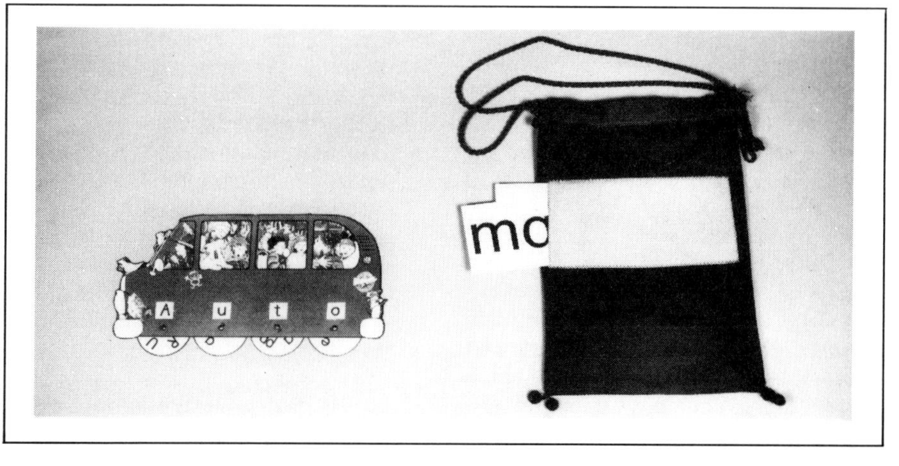

S Es macht die Erde warm.
O Äpfel und Bananen zählen dazu.
N Es ist in jedem Gesicht und hat zwei Löcher.
N Es ist ein Tier mit einem Horn im Gesicht.
T Es ist zwischen Morgen und Abend.
A Dann müssen wir ins Bett gehen.
G Er pflanzt Blumen und Bäume.

– Kreisscheibe: Man fertigt aus Pappe eine runde Scheibe an, unterteilt sie in sechs bis acht Felder und schreibt in jedes Feld einen Buchstaben hinein. Die Scheibe wird mit einem festen Stück Pappe in der Mitte unterlegt, beide Teile mit einer Musterklammer verbunden. Befestigt man doppelseitiges Klebeband auf der Unterlegscheibe, so kann man das Ganze auf die Tafel, den Tisch, den Boden kleben und drehen. Neben die Drehscheibe schreibt man z. B. den Wortbaustein „ein". Durch Drehen entstehen neue Wörter. Es sollte auch ein nicht passender Buchstabe in einem Feld der Kreisscheibe stehen.

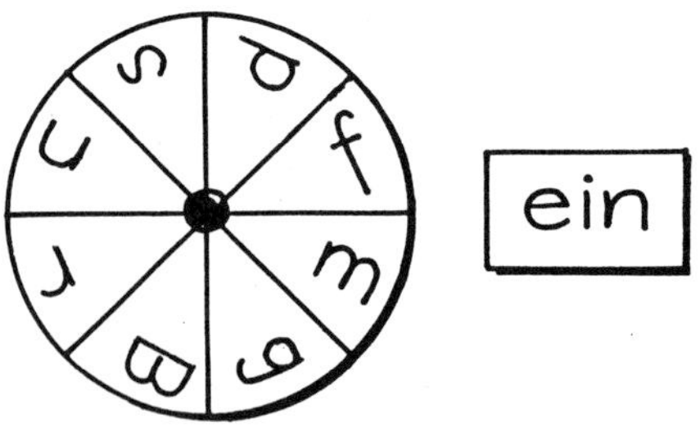

Solche Kreisscheiben lassen sich auch mit mehreren Buchstaben in einem Feld beschriften; man kann sie dem jeweiligen Lesestand anpassen. Wenn man z. B. Wörter nimmt, die auf „er" oder „en" enden, so lassen sich spielerisch diese Endungen einprägen, die vom Kind häufig als /a/ gehört und geschrieben werden (statt „Mutter" wird „Mutta" geschrieben).

– Königsspiel: Zwei Schüler erhalten ein Arbeitsblatt, auf dem eine Anzahl Lückenwörter steht; die Stellen der Vokale sind durch einen Punkt gekennzeichnet. Die Kinder probieren durch Einlegen ihrer Könige aus, wann sich ein verständliches Wort ergibt. Es ist dabei sinnvoll, bereits bekannte Wörter auszuwählen und sie auf diese Weise zu durchgliedern. Die Kinder stellen dabei fest, dass es manche Buchstabenfolgen gibt, die durch die Änderung des Vokals zwei verschiedene Wörter ergeben, z. B. H**a**nd – H**u**nd; H**a**se – H**o**se. Auf kreative Weise beginnen sie mit Sprache zu spielen, Sprache zu untersuchen.

– Man unterteilt eine Arbeitskarte in Felder und beschriftet jedes Feld mit einem Anlaut, einer Anfangssilbe oder einem Wortstück. Auf eine Karte derselben Größe klebt man ein Bild. Die Rückseite unterteilt man in dieselbe Anzahl von Feldern wie die Arbeitskarte und schreibt in jedes Feld das jeweils passende Wortstück, die zweite Silbe des Wortes oder den Anlaut (siehe S. 55). Diese Karte schneidet man auseinander. Das Kind sucht nun zu jedem Spielfeld der Arbeitskarte das Ergänzungsstück und legt es mit der beschriebenen Seite auf die Arbeitskarte. Das sichtbar werdende Bild dient nach Lösung aller Aufgaben der Eigenkontrolle.

.anne		
	. ind	
Na..		

		K
	W	
		se

– Die gleichen Ziele verfolgen entsprechend gearbeitete Memorys, Dominos, Bingos und Schwarzer-Peter-Spiele.
– Ja-Nein-Spiel. Man benötigt eine Karte mit der Aufschrift „ja“, eine Karte mit „nein“. An der Tafel stehen Wörter bzw. Sätze, die man mit den Kindern trainieren möchte. Ein Kind erhält beide Karten und flüstert zur Kontrolle dem Lehrer/der Lehrerin oder einem Mitschüler sein von der Tafel ausgesuchtes Wort (seinen Satz) ins Ohr. Es wählt einen Mitschüler, der an der Tafel ein Wort (einen Satz) liest. Hat dieser das ausgesuchte Wort (den Satz) getroffen, so zeigt ihm der Spieler die „Ja-Karte“. In diesem Fall löst er den Spieler ab. Anderenfalls sucht sich der Spieler nach Zeigen der „Nein-Karte“ so lange andere Mitspieler, bis einer sein Wort (seinen Satz) gefunden hat.
– Im fortgeschrittenen Lesestadium haben Kinder Spaß daran, Arbeitsanweisungen zu lesen und ihnen entsprechend zu handeln. Dazu lassen sich Arbeitskarten anfertigen. Sie sind gleichzeitig Anlass, in das Leseverständnis eines Kindes Einblick zu gewinnen.

Male zwischen Blume und Baum einen Ball.

Male auf den Topf einen Deckel.

Zeichne in das Viereck einen Kreis.

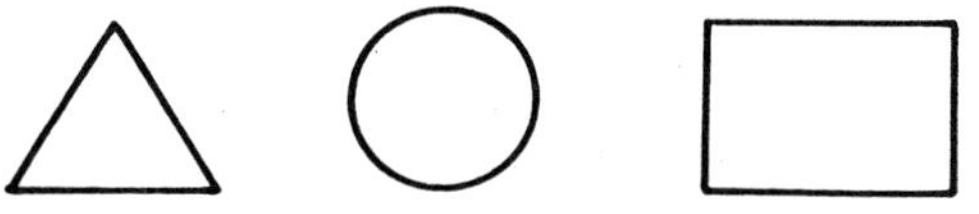

Rechtschreiben lernen mit einem Grundwortschatz

Ein Leselernprozess, der die Voraussetzungen zum Lesen- und Schreibenlernen beim Kind berücksichtigt, schafft die Basis für erfolgreiches Lernen. Er ermöglicht dauerhaft eigenständigen Wissenserwerb und beliebige Kontaktaufnahme mit Menschen aller Zeiten und Kulturen. In dem Maße, wie das Kind angeleitet wird und sich selbst befähigt, Geschriebenes zu lesen, wächst in ihm der Wunsch selbst Autor zu sein.

Lesen und Schreiben sind aufeinander bezogene Vorgänge. Durch das Erlernen des Lesens wird Schreiben möglich, ebenso wie man durch Schreiben Lesen entdecken kann. Lesen und Schreiben sind funktional voneinander abhängig. Lesen kann man nur etwas, das zuvor geschrieben wurde. Schreiben hat nur Sinn, wenn das Geschriebene wiederum gelesen wird.

Das Ineinandergreifen von Lesen und Schreiben wird auch daran deutlich, dass für beide Prozesse die gleichen Zeichen verwendet werden. Wer liest, setzt die Schriftzeichen in Laute um. Beim Schreiben ordnet er diesen Lauten bestimmte Grapheme zu. Der Anfang des Rechtschreibunterrichts ist gleichzusetzen mit dem Beginn des Lesenlernens.

Die große Lautvielfalt unserer Sprache (Vokale, Konsonanten, Diphthonge und Umlaute) wird in der Schrift nur durch wenige Buchstaben wiedergegeben. Wer richtig schreiben will, muss wissen, welche Laute durch welche Buchstaben ausgedrückt werden. Er muss darüber hinaus lernen, dass manche Wörter – durch Vereinbarungen festgelegt – anders geschrieben als „gelautet" werden.

Die vielfältigen Regelungen und Ausnahmen in der deutschen Sprache machen es *niemandem* möglich, völlig fehlerfrei zu schreiben. Das aber kann kein Alibi sein für die Vernachlässigung des Rechtschreibunterrichts; richtig schreiben können hat in unserer Gesellschaft nach wie vor einen hohen Stellenwert. Allerdings können Grundschüler nur einen begrenzten, wenn auch sehr bedeutenden Ausschnitt der Schriftsprache erlernen. Diese Beschränkung auf das Machbare wird allgemein mit dem schriftsprachlichen Grundwortschatz (GWS) angestrebt. Im Rahmen von ca. 1000 Wörtern soll sich das Kind im Laufe von vier Schuljahren sicher schriftlich bewegen lernen. Das bedeutet weder eine Einengung seiner sprachlichen noch seiner schriftlichen Kompetenz. Dieser GWS ist nicht der Sprachschatz des Kindes. Er ist eine unter bestimmten Kriterien angelegte Sammlung von Wörtern, die grundlegende Phänomene unserer Schriftsprache beinhaltet. Ein Kind, das nicht wortbezogen, sondern phänomenorientiert damit Rechtschreiben gelernt hat, vermag sehr wohl mehr als die geforderten etwa 1000 Wörter richtig zu schreiben.[1]

---

[1] vgl. Gabriele Krichbaum S. 3ff. in: Praxis Grundschule, Sonderband Vereinfachte Ausgangsschrift, Westermann Schulbuchverlag, Braunschweig 1988

Durch einen kontinuierlichen Aufbau des Wortschatzes vom 1. Schuljahr an, die Strukturierung dieser Wörter im Verlauf des Leselehrganges, den täglichen, häufig spielerischen Umgang damit und die Gewinnung von Einsichten in den Wortaufbau erreicht das Kind allmähliche rechtschriftliche Sicherheit, die es weiter zum Schreiben anregt. So kann es Vertrauen in das eigene Vermögen aufbauen, da gesteckte Ziele, z. B. langfristig die richtige Schreibung einer bestimmten Anzahl von Wörtern, überschaubar werden. Das Kind kann seine eigenen Lernfortschritte erkennen. Die althergebrachte Diktatpraxis bewirkt häufig genug das Gegenteil.

Kriterien für einen Grundwortschatz

Der Gedanke im Rahmen eines Grundwortschatzes Rechtschreiben zu üben entstand durch die Feststellung, dass wir in der Schule sehr viel Zeit zum Training der richtigen Schreibweise von Wörtern aufwenden und das mit auffallend geringem Erfolg. Weiterführende Schulen, Berufsschulen und Universitäten klagen über die mangelnde Rechtschreibsicherheit von Schülerinnen, Schülern und Studierenden.
Der angesprochene, begrenzte Umfang von ca. 1000 Wörtern soll drei Ansprüchen genügen:

1. Wörter, die das Kind mündlich und schriftlich häufig verwendet, müssen ihm besonders wichtig sein. Dazu zählen auch typische Kinderwörter, die mit zunehmendem Alter immer unwichtiger werden, z. B. kriegen, doof. Die meisten der häufig verwendeten Wörter finden sich in der Schriftsprache der Erwachsenen wieder. Diese ca. 1000 Wörter sind also ein **Häufigkeitswortschatz**, der für das Kind *Gegenwarts- und Zukunftsbedeutung* hat.

2. Das Kind muss befähigt werden diese wichtigen Wörter richtig zu schreiben. Es soll daran die eigenen Lernfortschritte festmachen können und aus diesem Erfolg Auftrieb für weiteres Lernen gewinnen. Innerhalb dieses begrenzten Raumes werden Lernschwierigkeiten schneller erkennbar. So gesehen sind diese Wörter ein **begrenzter Übungswortschatz**.

3. Diese Wörter repräsentieren die Regelungen und Ausnahmen in der deutschen Rechtschreibung. Sie sind daher auch beispielhaft für nicht ausdrücklich gelernte Wörter, da sie Lernen durch Hypothesenbildung, durch Transfer ermöglichen. Insofern stellen diese Wörter einen **Modellwortschatz** dar.

Gesicherte Rechtschreibung
in einem begrenzten Rahmen
>>> Grundwortschatz <<<

häufig verwendete Wörter, daher	quantitativ eng begrenzt, dadurch	die wichtigsten für Grundschüler einsehbaren Regelungen
hohes Maß an aktueller Bedeutsamkeit (auch solche Wörter, die später im Gebrauch abnehmen)	Ziele überschaubar und erreichbar	
	Lernfortschritte deutlicher	
wichtig in der Schriftsprache der Erwachsenen, also Gegenwarts- und Zukunftsbedeutung	Lernschwierigkeiten schneller erkennbar	
↓	↓	↓
Häufigkeits-, Bedeutsamkeits-	**begrenzter Übungs-**	**Modell-**

W O R T S C H A T Z

Anregungen zur Erstellung eines Grundwortschatzes

Zahlreiche Gespräche mit Lehrern bei Fortbildungsveranstaltungen zum Thema Rechtschreiben verdeutlichten mir zunehmend, dass trotz des Angebotes vieler im Handel befindlicher „Grundwortschätze" die Unsicherheit im Bereich „Wörter sammeln und sichern" geblieben ist. Häufig wurden die Fragen gestellt: Woher weiß ich denn, welche Wörter Bedeutung für das Kind haben? Wie suche ich die Wörter für meinen Grundwortschatz aus, so dass alle im Lehrplan vorgegebenen Rechtschreibphänomene angemessen berücksichtigt sind?
Eine gute Hilfestellung bei der Beantwortung dieser praxisbezogenen Fragen fand ich in den Veröffentlichungen „Rechtschreibwörter und Rechtschreibregelungen"[1] und „Der Grundwortschatz der Primarstufe"[2], die Grundlagen meiner nachstehenden Wörterliste wurden.
Beim Umgang mit beiden Büchern stieß ich an Grenzen. Wollte ich mich umfassend über ein Wort informieren, so musste ich stets beide zur Hand nehmen und häufig an drei verschiedenen Stellen Informationen entnehmen. Ich habe deshalb mir sinnvoll erscheinende Bestandteile beider Listen übernommen und teilweise Änderungen bzw. Ergänzungen vorgenommen, die noch zu erläutern sind.
Die vorliegende Wörterliste möchte keineswegs auf diesem Wege die ca. 1000 zu trainierenden Wörter des GWS anbieten. Fast alle Kultusminister haben auf eine Festschreibung solcher Wörter aus vielen Gründen verzichtet. So sollte der GWS stets standort-, d. h. situations- und sachunterrichtsbezogen sein, ja, er sollte sogar klassenbezogen mit den Schülern gemeinsam aufgebaut werden. Dies schließt eine Liste verordneter Wörter aus.
Ich möchte der Lehrerin/dem Lehrer mit meiner Wörterliste Hilfestellung bei einer begründeten Auswahl *ihres/seines* Grundwortschatzes anbieten.

---

1 Carl Ludwig Naumann, Rechtschreibwörter und Rechtschreibregelungen, Landesinstitut für Schule und Weiterbildung, Soest, 1. Auflage 1986

2 Harlinde Hesse/Klaus R. Wagner, Der Grundwortschatz der Primarstufe, Spectra. Multi Media Verlag, Dorsten, 1. Auflage 1985

Lesehilfe für die Wörterliste

Die Wörterliste enthält ca. 1000 Wörter, die ich dem Buch „Grundwortschatz der Primarstufe" entnommen habe. Als Auswahlkriterien wurden zu Grunde gelegt: Kindgemäßheit, Bedeutsamkeit, häufigste Fehlerwörter (Menzels Erhebungen zum Thema fanden Berücksichtigung[1]), häufigste Funktionswörter. Grundlage dieser Wörterauswahl war für die Verfasser die Auszählung von 84 Wortlisten, darunter 32 empirisch gewonnene mündliche und schriftliche Kinderwortschätze.
Neben den ca. 1000 Wörtern stehen Prozentzahlen[2], die aussagen, wie häufig das jeweilige Wort – bezogen auf die ersten vier Schuljahre – ermittelt wurde. Die fünfte Spalte zeigt an, wie oft das Wort insgesamt prozentual gezählt wurde, unabhängig von der Schuljahrszuordnung. Die Höhe dieser Zahl gibt Auskunft darüber, wie sehr das Wort über die Grundschulzeit hinaus bedeutsam bleibt oder wird.

Beispiel: spielen

1.	2.	3.	4.	
17	18	11	6	68

17 % der Wortlisten wiesen das Wort „spielen" für das 1. Schuljahr aus, 18 % für das 2. Schuljahr, 11 % für das 3. Schuljahr, 6 % für das 4. Schuljahr. Insgesamt wurde es in 68 % aller Listen gezählt. Das Wort „spielen" ist damit das häufigste aller vorkommenden Wörter. Seine stärkste Bedeutung liegt für das Grundschulkind im 1./2. Schuljahr. Es gehört somit in den rechtschriftlich zu sichernden Wörterbestand dieser beiden Klassen. Dass es nicht ausschließlich ein Grundschulwort ist, zeigt die überraschend hohe Häufigkeit des Gesamtvorkommens von 68 %.
Neben den Angaben zur Häufigkeit der Wörter in den ausgezählten Wortlisten stehen in meiner Liste hinter jedem Wort Kennzeichnungen der rechtschriftlichen Besonderheiten. Diese habe ich der Veröffentlichung „Rechtschreibwörter und Rechtschreibregelungen" entnommen. Ergänzt habe ich sie bei dort nicht angeführten Wörtern bzw. bei Flexionsformen oder verwandten Wörtern; eine Kennzeichnung *aller* Wörter, nicht nur der Grund- oder Stammform, halte ich für sinnvoll, da sie beim Nachschlagen die Orientierung erleichtert.
Die Kennzeichnung der Wörter bezieht sich im Rahmen der Laut-Buchstabe-Beziehung auf Konsonanten und Vokale.

Konsonantenhäufung
Drei bzw. vier aufeinander folgende Konsonanten sind schwierig herauszuhören und gelten als Fehlerquellen. Deshalb ist eine solche Schwierigkeit durch die Ziffern 3 bzw. 4 gekenn-

---

[1] Wolfgang Menzel, Rechtschreibunterricht – Praxis und Theorie, Aus Fehlern lernen, Praxis Deutsch Beiheft, Friedrich Verlag, Seelze 1985

[2] Anm.: Im Gegensatz zu Hesse/Wagner habe ich die Zählungen zur besseren Vergleichbarkeit und Interpretierbarkeit in Prozentzahlen angegeben.

zeichnet, z. B. entgegen (3, ntg). Ein ! hinter der Zahl zeigt an, dass diese Häufung zweimal im Wort gegeben ist, z. B. **pflanz**en (3!).
Dabei wurden stets die Laute gezählt, nicht die Anzahl der Buchstaben; bei ⟨z⟩ werden immer zwei Laute gezählt, da /ts/ gehört wird. Stehen dagegen mehrere Buchstaben für *einen* Laut, so wird nur dieser *eine* Laut gezählt, z. B. ⟨sch⟩ – ein Laut.

Abweichung
Die Norm heißt: Für *einen* Laut schreibt man *einen* Buchstaben. Ist ein Laut durch eine Buchstabenfolge festgelegt, so ist dies eine Abweichung von der Norm, z. B. das gesprochene ⟨sch⟩ wird durch drei, die gesprochenen ⟨ch⟩, ⟨st⟩, ⟨sp⟩, ⟨ng⟩, ⟨nk⟩ durch zwei Buchstaben wiedergegeben. Ebenso ist die Schreibweise ⟨v⟩ eine Abweichung für den Laut /f/ und die Schreibweise ⟨chs⟩ oder ⟨x⟩ eine Abweichung für den Laut /ks/.

Auslautverhärtung
Steht am Ende des Wortes ⟨b⟩, ⟨d⟩ oder ⟨g⟩, so lassen sich diese Schriftzeichen im Allgemeinen beim Sprechen nur durch Verlängern des Wortes von ⟨p⟩, ⟨t⟩ oder ⟨k⟩ unterscheiden. Diese rechtschriftliche Schwierigkeit ist in dieser Spalte markiert. Die Kennzeichnung ist auch bei ⟨ig⟩ am Wortende erfolgt, das wie /ich/ gesprochen wird. Zudem findet sich auch eine Kennzeichnung, wenn sich eine Auslautverhärtung durch Zusammensetzungen ergeben kann.

Beispiel: Farbe
Auslautverhärtung
b

Die Schwierigkeit der Auslautverhärtung bei ⟨b⟩ entsteht bei Wörtern wie „Farbtopf", „Farbstoff" u. Ä. Es bedarf hier der Rückführung auf „Farbe" um ⟨b⟩ von ⟨p⟩ unterscheiden zu können.

Im Gegensatz zur o. a. Veröffentlichung konnte ich bei einigen Wörtern auf eine Kennzeichnung verzichten.

Beispiel: sagen
Auslautverhärtung
g

Da ich auch das Wort „sagt" in die Liste aufgenommen habe, konnte ich wie folgt kennzeichnen:

Beispiel: sagen
Auslautverhärtung
. .
sagt
Auslautverhärtung
g

s-Laut
Der s-Laut in seinen verschiedenen Schreibweisen bereitet häufig Schwierigkeiten. Daher ist er als In- und Auslaut markiert. Verzichtet habe ich entgegen der „Naumann-Liste" auf die Aussage: „ws = weiches, stimmhaftes s; hß / hss = hartes ß / ss". In meiner Liste ist der s-Laut in allen Erscheinungsformen nur mit „s/ss/ß" gekennzeichnet.

Langvokal
Die Länge oder Kürze des Vokals ist im Allgemeinen bestimmend für die nachfolgende Schreibweise. Enthält das Wort einen langgesprochenen, betonten Vokal, so ist dieser angezeigt. Die Norm heißt: Nach einem langgesprochenen, betonten Vokal steht ein Konsonant. Es bedeutet eine Ausnahme, wenn zwischen Vokal und nachfolgendem Konsonant ein ⟨h⟩ steht (fälschlicherweise als Dehnungs-h bezeichnet).

Diphthong
Die Diphthonge ⟨ai⟩, ⟨ei⟩, ⟨eu⟩, ⟨äu⟩, ⟨au⟩ sind angegeben, da ⟨ai⟩ – ⟨ei⟩ bzw. ⟨eu⟩ – ⟨äu⟩ gleich lautend sind und von daher ihre Schreibweise im Wort Schwierigkeiten machen kann.

Kurzvokal
Wörter, die einen kurzgesprochenen Vokal enthalten, werden im Allgemeinen der Norm entsprechend geschrieben: Nach einem kurzgesprochenen Vokal stehen mindestens zwei Konsonanten, z. B. Hemd. In der Liste ist der betonte kurze Vokal angezeigt. Steht nach ihm nur *ein* Konsonant, so wird dieser verdoppelt, z. B. Teller. Bei diesen Wörtern ist in der Liste der Vokal mit den nachfolgenden zwei gleichen Konsonanten signiert.

Beispiel: Teller
Kurzvokal
ell

Bei einer Anzahl von Wörtern, vor allem Funktionswörtern, unterbleibt die zu erwartende Dopplung, z. B. mit, bin. Solche Wörter, die entgegen der Regelung nur *einen* Konsonanten nach dem kurzgesprochenen, betonten Vokal schreiben, sind durch ! markiert.

Beispiel: bin
Kurzvokal
in!

ca. 1000 häufige Wörter und häufigste Fehlerwörter	Schuljahre					Kennzeichnung						
	1	2	3	4	S	Konsonantenhäufung	Abweichung	Auslautverhärtung	s-Laut	Langvokal	Diphthong	Kurzvokal
A a												
ab	6	12	5	2	35	.	...	b	...	..	..	ab!
Abend	8	12	12	5	49	.	...	d	...	a.	..	...
abends	5	1	2	5	24	3	...	d	.s.	a.	..	...
aber	7	11	10	4	42	.	...	.	...	a.	..	...
abschneiden	6	1	2	2	15	3	sch	b	...	..	ei	ab!
ähnlich	2	0	1	7	18	.	ch.	.	...	äh	..	ich
Ärger	2	0	1	2	12	.	...	.	...	..	..	ä..
ärgern	5	4	5	7	27	.	...	.	...	..	..	ä..
alle	12	12	10	2	48	.	...	.	...	..	..	all
alles	7	6	6	1	27	.	...	.	.s.	..	..	all
allein	6	6	10	4	35	.	...	.	...	..	ei	all
als	6	8	10	2	38	.	...	.	.s.	..	..	a..
also	4	1	8	4	27	.	...	.	.s.	..	..	a..
alt	7	11	8	5	46	.	...	.	...	..	..	a..
am	10	8	7	2	37	.	...	.	...	..	..	am!
an	12	12	10	2	46	.	...	.	...	..	..	an!
andere	4	6	5	4	27	.	...	.	...	..	..	a..
anders	4	2	2	4	19	.	...	.	.s.	..	..	a..
anfangen	8	6	7	6	36	.	f,ng	.	...	..	..	a,ang
Angst	5	7	10	7	43	3	ng.	.	.s.	..	..	a..
ängstlich	4	2	4	4	20	4	ng,ch.		.s.	..	..	ä,ich
Antwort	2	2	2	2	20	3	...	.	...	..	..	a,o
antworten	2	5	6	5	29	3	...	.	...	..	..	a,o
Apfel	12	12	6	2	42	.	...	.	...	..	..	a..
Arbeit	7	12	5	4	39	.	...	.	...	..	ei	...
arbeiten	6	11	7	2	39	.	...	.	...	..	ei	...
Arbeiter	7	2	5	1	24	.	...	.	...	..	ei	...
Arm	12	4	7	4	37	.	...	.	...	..	..	a..
arm	7	2	7	5	31	.	...	.	...	..	..	a..
Arzt	5	7	7	7	39	4	z..	.	...	a.	..	...
Ast	8	6	5	5	30	.	...	.	.s.	..	..	a..
auch	11	12	11	2	48	.	ch.	.	...	..	au	...
auf	14	7	11	2	46	.	f..	.	...	..	au	...
aufhören	6	2	4	5	24	.	f..	.	...	ö.	au	...
aufpassen	6	1	10	4	27	.	f..	.	.ss	..	au	ass
aufstehen	6	1	5	2	19	3	f,st	.	...	eh	au	...

ca. 1000 häufige Wörter und häufigste Fehlerwörter	Schuljahre 1	2	3	4	S	Kennzeichnung: Konsonantenhäufung	Abweichung	Auslautverhärtung	s-Laut	Langvokal	Diphthong	Kurzvokal
Auge	12	8	6	2	38	.	...	g	...	..	au	...
Augenblick	6	2	2	2	21	3	...	.	...	..	au	ick
aus	14	7	11	1	46	.	...	.	.s.	..	au	...
außerdem	1	1	2	1	13	.	...	.	.ß.	e.	au	...
Auto	18	6	7	2	45	.	...	.	...	..	au	...
B b												
Bach	8	4	2	1	21	.	ch.	.	...	..	..	ach
backen	8	8	8	1	38	.	...	.	...	..	..	ack
Bad	2	5	6	4	23	.	...	d	...	a.	..	...
baden	11	8	13	5	46	.	...	.	...	a.	..	...
Bäcker	6	4	7	1	25	.	...	.	...	..	..	äck
Bahn	7	7	6	4	32	.	...	.	...	ah	..	...
bald	7	7	12	2	43	.	...	d	...	..	..	a..
Ball	15	8	6	2	43	.	...	.	...	..	..	all
Banane	4	5	2	2	19	.	...	.	...	a,a	..	...
Band	6	5	5	2	25	.	...	d	...	..	..	a..
Bank	8	6	13	5	42	.	nk.	.	...	..	..	a..
Bauch	6	4	10	4	31	.	ch.	.	...	..	au	...
bauen	12	7	11	.6	46	.	...	.	...	..	au	...
Bauer	8	7	8	2	33	.	...	.	...	..	au	...
Baum	18	7	7	4	48	.	...	.	...	..	au	...
befehlen	2	2	1	0	10	.	f..	.	...	eh	..	...
bei	8	11	8	2	40	.	...	.	...	..	ei	...
beide	5	8	7	6	37	.	...	d	...	..	ei	...
beim	5	1	4	1	18	.	...	.	...	..	ei	...
Bein	12	5	12	2	42	.	...	.	...	..	ei	...
beinahe	5	1	6	6	23	.	...	.	...	ah	ei	...
beißen	7	4	10	2	33	.	...	.	.ß.	..	ei	...
bekommen	6	8	6	6	38	.	...	.	...	..	..	omm
bekommst	0	0	0	1	1	.	...	.	.s.	..	..	omm
bekommt	0	1	1	2	6	.	...	.	...	..	..	omm
bekam	1	4	0	0	6	.	...	.	...	a.	..	...
bellen	8	2	6	7	32	.	...	.	...	..	..	ell
belohnen	0	1	1	2	7	.	...	.	...	oh	..	...
Belohnung	1	4	2	0	11	.	ng.	.	...	oh	..	...
bereits	2	2	1	7	19	.	...	.	.s.	..	ei	...

ca. 1000 häufige Wörter und häufigste Fehlerwörter	Schuljahre					Kennzeichnung						
	1	2	3	4	S	Konsonantenhäufung	Abweichung	Auslautverhärtung	s-Laut	Langvokal	Diphthong	Kurzvokal
Berg	8	6	8	4	37	.	...	g	...	..	..	e..
Beruf	2	2	1	7	20	.	f..	.	...	u.	..	...
Bescheid	4	1	0	0	8	.	sch	d	...	..	ei	...
besonders	4	1	0	4	18	.	...	.	.s.	..	..	o..
besser	4	4	7	7	31	.	...	.	.ss	..	..	ess
Besuch	7	4	11	2	35	.	ch.	.	...	u.	..	...
Bett	12	12	10	4	50	.	...	.	...	..	..	ett
bevor	4	0	4	0	17	.	v..	.	...	o.	..	...
bezahlen	5	6	8	6	35	.	z..	.	...	ah	..	...
Bier	6	5	6	2	24	.	...	.	...	ie	..	...
Bild	14	8	10	2	50	.	...	d	...	..	..	i..
billig	4	4	6	2	25	.	...	g	...	..	..	ill,ig!
bin	10	7	6	2	32	.	...	.	...	..	..	in!
Birne	10	4	4	2	27	.	...	.	...	..	..	i..
bis	6	7	8	2	35	.	...	.	.s.	..	..	is!
bisschen	7	2	5	2	23	.	ch.	.	.ss	..	..	iss
bist	4	10	5	2	27	.	...	.	.s.	..	..	i..
bitten	4	7	5	2	30	.	...	.	...	..	..	itt
Blatt	11	8	8	2	39	.	...	.	...	..	..	att
blau	12	8	6	2	40	.	...	.	...	..	au	...
bleiben	8	12	13	6	54	.	...	b	...	..	ei	...
Blitz	2	0	4	5	18	.	z..	.	...	..	..	itz
bloß	8	4	5	7	36	.	...	.	.ß.	o.	..	...
blühen	5	4	4	5	24	.	...	.	...	üh	..	...
Blume	10	8	6	4	37	.	...	.	...	u.	..	...
böse	8	4	7	2	33	.	...	.	.s.	ö.	..	...
Boot	5	4	8	4	27	.	...	.	...	oo	..	...
boxen	2	1	5	4	15	.	x..	.	...	..	..	o..
brauchen	10	12	8	12	54	.	ch.	.	...	..	au	...
brauchst	1	0	2	1	8	3	ch.	.	.s.	..	au	...
braucht	0	4	2	2	12	.	ch.	.	...	..	au	...
brav	5	1	7	2	21	.	v..	.	...	a.	..	...
brechen	5	6	6	5	32	.	ch.	.	...	..	..	ech
bremsen	2	1	7	5	20	.	...	.	.s.	..	..	e..
brennen	7	6	11	5	38	.	...	.	...	..	..	enn
Brief	7	14	5	4	42	.	f..	.	...	ie	..	...
bringen	8	11	10	6	49	.	ng.	.	...	..	..	ing

ca. 1000 häufige Wörter und häufigste Fehlerwörter	Schuljahre					Kennzeichnung						
	1	2	3	4	S	Konsonantenhäufung	Abweichung	Auslautverhärtung	s-Laut	Langvokal	Diphthong	Kurzvokal
Brot	14	11	8	4	48	.	...	.	...	o.	..	...
Bruder	6	10	19	2	40	.	...	.	...	u.	..	...
Brücke	6	2	10	4	29	.	...	.	...	..	..	ück
Buch	13	11	7	4	46	.	ch.	.	...	u.	..	...
bunt	6	5	4	6	30	.	...	.	...	..	..	u..
Bus	5	10	10	2	33	.	...	.	.s.	..	..	us!
Butter	7	7	6	4	33	.	...	.	...	..	..	utt
D d												
da	15	6	10	2	44	.	...	.	...	a.	..	...
dabei	6	2	4	2	25	.	...	.	...	a.	ei	...
Dach	8	6	10	2	33	.	ch.	.	...	..	..	ach
dafür	6	4	2	1	20	.	f..	.	...	a,ü	..	...
damit	6	4	2	4	24	.	...	.	...	a.	..	it!
Dampf	5	0	4	4	17	3	f..	.	...	..	..	ampf
danken	5	7	5	2	30	.	nk.	.	...	..	..	a..
dann	10	14	12	2	50	.	...	.	...	..	..	ann
daran	5	4	6	2	24	.	...	.	...	a.	..	an!
darauf	5	5	7	1	25	.	f..	.	...	a.	au	...
darüber	5	2	4	4	21	.	...	.	...	a,ü	..	...
darum	5	5	4	1	23	.	...	.	...	a.	..	um!
das	17	7	19	4	57	.	...	.	.s.	..	..	as!
dass	6	4	6	4	30	.	...	.	.ss	..	..	ass
davon	5	2	6	4	25	.	v..	.	...	a.	..	on!
dazu	7	2	2	2	24	.	z..	.	...	a,u	..	...
dein	5	6	8	1	30	.	...	.	...	..	ei	...
dem	14	4	7	2	36	.	...	.	...	e.	..	...
den	14	5	12	5	44	.	...	.	...	e.	..	...
denken	10	14	10	7	55	.	nk.	.	...	..	..	e..
denn	6	7	8	2	33	.	...	.	...	..	..	enn
der	15	5	12	5	46	.	...	.	...	e.	..	...
des	1	2	8	1	20	.	...	.	.s.	..	..	es!
deutsch	4	2	4	6	21	.	sch	.	...	..	eu	...
dich	5	7	6	1	27	.	ch.	.	...	..	..	ich
dick	6	6	10	4	37	.	...	.	...	..	..	ick
die	17	7	21	6	61	.	...	.	...	ie	..	...
Dienstag	4	6	5	2	24	3	...	g	.s.	ie,a	..	...

ca. 1000 häufige Wörter und häufigste Fehlerwörter	Schuljahre 1	2	3	4	S	Kennzeichnung: Konsonantenhäufung	Abweichung	Auslautverhärtung	s-Laut	Langvokal	Diphthong	Kurzvokal
dies	2	4	5	0	17	.	...	.	.s.	ie	..	...
diese	4	6	4	2	21	.	...	.	.s.	ie	..	...
diesem	0	0	2	1	7	.	...	.	.s.	ie	..	...
dieser	0	1	1	1	7	.	...	.	.s.	ie	..	...
Ding	7	5	7	5	32	.	ng.	.	...	..	..	ing
dir	4	6	8	2	29	.	...	.	...	i.	..	...
doch	7	11	6	2	38	.	ch.	.	...	..	..	och
Donnerstag	1	4	7	1	19	3	...	g	.s.	a.	..	onn
dort	8	12	5	2	40	.	...	.	...	..	..	o..
draußen	5	5	5	6	33	.	...	.	.ß.	..	au	...
drehen	7	1	8	10	35	.	...	.	...	eh	..	...
drei	8	12	8	2	40	.	...	.	...	..	ei	...
drücken	6	4	7	2	29	.	...	.	...	..	..	ück
du	5	12	8	2	38	.	...	.	...	u.	..	...
dürfen	10	11	13	7	51	.	f..	.	...	..	..	ü..
darf	4	4	7	4	23	.	f..	.	...	..	..	a..
dumm	7	4	10	5	35	.	...	.	...	..	..	umm
dunkel	6	7	6	2	32	.	nk.	.	...	..	..	u..
dunkelblau	1	0	1	1	6	3	nk.	.	...	..	au	u..
durch	6	5	11	4	36	.	ch.	.	...	..	..	u..
Durst	7	7	10	4	37	3	...	.	.s.	..	..	u..
E e												
eben	6	2	2	2	25	.	...	.	...	e.	..	...
ebenfalls	1	1	0	0	8	.	f..	.	.s.	e.	..	all
ebenso	2	1	0	0	11	.	...	.	.s.	e,o	..	...
Ecke	7	7	7	8	38	.	...	.	...	..	..	eck
ehrlich	2	0	4	4	18	.	ch.	.	...	eh	..	ich
Ei	13	5	7	4	38	.	...	.	...	..	ei	...
eigentlich	5	1	7	4	25	3	...	.	...	..	ei	ich
ein	17	7	11	5	50	.	...	.	...	..	ei	...
eine	12	2	6	2	26	.	...	.	...	..	ei	...
einem	2	6	1	1	14	.	...	.	...	..	ei	...
einen	6	5	4	1	19	.	...	.	...	..	ei	...
einer	5	4	2	1	15	.	...	.	...	..	ei	...
einfach	5	5	5	6	32	.	f,ch	.	...	..	ei	ach
einige	4	4	5	2	26	.	...	.	...	..	ei	...

ca. 1000 häufige Wörter und häufigste Fehlerwörter	Schuljahre 1	2	3	4	S	Kennzeichnung: Konsonantenhäufung	Abweichung	Auslautverhärtung	s-Laut	Langvokal	Diphthong	Kurzvokal
einmal	6	10	12	4	42	.	...	.	...	a.	ei	...
eins	8	10	7	2	37	.	...	.	.s.	..	ei	...
Eis	13	7	8	4	44	.	...	.	.s.	..	ei	...
Eltern	6	11	11	2	43	.	...	.	...	..	..	e..
Ende	6	8	6	6	40	.	...	.	...	..	..	e..
endgültig	1	0	0	1	4	3	...	d,g	...	..	..	e,ü,ig!
endlich	5	4	12	4	35	3	ch.	d	...	..	..	e,ich
eng	4	4	7	1	25	.	ng.	.	...	..	..	eng
entdecken	4	1	2	4	18	3	...	.	...	..	..	e,eck
Ente	11	2	2	2	25	.	...	.	...	..	..	e..
entgegen	4	0	4	0	14	3	...	.	...	e.	..	e..
er	15	7	8	2	44	.	...	.	...	e.	..	...
Erde	6	6	10	5	37	.	...	d	...	e.	..	...
erschrecken	6	1	5	6	25	3	sch	.	...	..	..	eck
erschrak	0	0	0	1	4	3	sch	.	...	a.	..	...
erschrocken	1	0	0	1	5	3	sch	.	...	..	..	ock
erst	7	6	11	1	37	3	...	.	.s.	e.	..	...
erste	4	2	4	4	20	3	...	.	.s.	e.	..	...
erwidern	0	0	2	5	13	.	...	.	...	i.	..	...
erzählen	5	12	8	7	45	3	z..	.	...	äh	..	...
erzählt	0	2	1	1	8	.	z..	.	...	äh	..	...
es	13	8	10	2	44	.	...	.	.s.	..	..	es!
essen	13	17	11	6	57	.	...	.	.ss	..	..	ess/ß
isst	4	7	5	4	24	.	...	.	.ss	..	..	iss
aß	1	1	2	1	10	.	...	.	.ß.	a.	..	...
gegessen	0	0	1	1	5	.	...	.	.ss	..	..	ess
Essen	6	2	8	2	26	.	...	.	.ss	..	..	ess
etwa	2	2	4	4	20	.	...	.	...	a.	..	e..
etwas	6	10	10	2	39	.	...	.	.s.	..	..	e,as!
euch	4	4	10	4	29	.	ch.	.	...	..	eu	...
F f												
Fabrik	6	4	5	2	27	.	f..	.	...	i.	..	...
fahren	15	13	12	6	61	.	f..	.	...	ah	..	...
fährt	6	8	4	2	25	.	f..	.	...	äh	..	...
fuhr	2	4	4	0	14	.	f..	.	...	uh	..	...
Fahrer	5	4	6	1	21	.	f..	.	...	ah	..	...

ca. 1000 häufige Wörter und häufigste Fehlerwörter	Schuljahre					Kennzeichnung						
	1	2	3	4	S	Konsonantenhäufung	Abweichung	Auslautverhärtung	s-Laut	Langvokal	Diphthong	Kurzvokal
Fahrrad	5	2	10	6	32	.	f..	d	...	ah,a..		...
Fahrt	5	6	7	2	31	.	f..	.	...	ah	..	...
Fall	1	0	2	1	11	.	f..	.	...	..	..	all
fallen	10	17	10	5	51	.	f..	.	...	..	..	all
fällt	4	5	5	2	21	.	f..	.	...	..	..	äll
fiel	0	2	1	1	11	.	f..	.	...	ie	..	...
gefallen	4	6	8	5	35	.	f..	.	...	..	..	all
falls	1	0	0	0	4	.	f..	.	.s.	..	..	all
falsch	6	6	7	5	37	.	f,sch.		...	..	..	a..
Familie	5	11	8	2	39	.	f..	.	...	i.	..	...
fangen	10	7	11	7	46	.	f,ng	.	...	..	..	ang
Farbe	7	1	7	5	30	.	f..	b	...	..	..	a..
fassen	4	5	4	4	25	.	f..	.	.ss	..	..	ass
fast	4	5	6	5	31	.	f..	.	.s.	..	..	a..
fehlen	6	11	6	2	36	.	f..	.	...	eh	..	...
Fehler	2	4	2	5	23	.	f..	.	...	eh	..	...
feiern	5	5	8	2	29	.	f..	.	...	..	ei	...
fein	15	5	4	1	36	.	f..	.	...	..	ei	...
Feld	8	6	7	4	35	.	f..	d	...	..	..	e..
Fenster	10	12	6	4	45	3	f..	.	.s.	..	..	e..
Ferien	7	12	7	4	42	.	f..	.	...	e.	..	...
Fernsehen	2	4	4	2	17	3	f..	.	...	eh	..	e..
fertig	8	10	11	7	50	.	f..	g	...	..	..	e,ig!
fest	7	7	10	4	40	.	f..	.	.s.	..	..	e..
Feuer	7	7	10	2	39	.	f..	.	...	..	eu	...
finden	11	12	10	6	52	.	f..	d	...	..	..	i..
Finger	12	6	5	6	38	.	f,ng	.	...	..	..	ing
Fisch	11	5	8	4	36	.	f,sch.		...	..	..	isch
Flasche	6	10	6	6	40	.	f,sch.		...	..	..	asch
Fleisch	8	4	10	2	32	.	f,sch.		...	..	ei	...
fleißig	6	4	4	1	23	.	f..	g	.ß.	..	ei	ig!
fliegen	8	18	10	5	52	.	f..	g	...	ie	..	...
Flugzeug	6	5	8	5	31	3	f,z	g,g	...	u.	eu	...
Fluss	5	2	7	4	26	.	f..	.	.ss	..	..	uss
fragen	8	12	8	6	46	.	f..	g	...	a.	..	...
Frau	10	14	11	4	50	.	f..	.	...	..	au	...
frei	6	5	5	5	32	.	f..	.	...	..	ei	...

ca. 1000 häufige Wörter und häufigste Fehlerwörter	Schuljahre					Kennzeichnung						
	1	2	3	4	S	Konsonantenhäufung	Abweichung	Auslautverhärtung	s-Laut	Langvokal	Diphthong	Kurzvokal
Freitag	2	5	6	2	24	.	f..	g	...	a.	ei	...
fressen	8	5	13	5	42	.	f..	.	ss/ß	..	..	ess/ß
frisst	0	1	4	2	8	.	f..	.	.ss	..	..	iss
fraß	0	0	1	1	4	.	f..	.	.ß.	a.	..	...
Freude	7	2	4	4	24	.	f..	d	...	..	eu	...
freuen	7	15	4	2	40	.	f..	.	...	..	eu	...
Freund	6	13	7	5	43	.	f..	d	...	..	eu	...
freundlich	4	4	2	5	24	3	f,ch	d	...	..	eu	ich
frieren	5	2	6	11	32	.	f..	.	...	ie	..	...
fröhlich	6	1	8	2	27	.	f,ch	.	...	öh	..	ich
froh	6	5	7	4	33	.	f..	.	...	oh	..	...
früh	6	7	7	2	35	.	f..	.	...	üh	..	...
Frühling	6	6	4	4	26	.	f,ng	.	...	üh	..	ing
Fuchs	7	1	0	6	21	.	f,chs	.	.s.	..	..	u..
führen	7	6	7	4	35	.	f..	.	...	üh	..	...
fünf	7	7	12	4	39	.	f..	.	...	..	..	ü..
für	13	6	10	2	43	.	f..	.	...	ü.	..	...
füttern	6	2	7	4	24	.	f..	.	...	..	..	ütt
Fuß	8	11	7	4	40	.	f..	.	.ß.	u/ü	..	...
G g												
Gans	5	2	5	1	20	.	...	.	.s.	..	..	a..
ganz	10	13	14	4	56	3	z..	.	...	..	..	a..
gar	6	4	7	7	35	.	...	.	...	a.	..	...
Garten	8	12	8	4	46	.	...	.	...	..	..	a..
geben	10	19	12	6	61	.	...	b	...	e.	..	...
gibst	0	0	2	1	4	3	...	b	.s.	i.	..	...
gibt	5	8	4	2	26	.	...	b	...	i.	..	...
gab	1	2	1	1	12	.	...	b	...	a.	..	...
Geburtstag	5	6	8	5	37	4	...	g	.s.	u,a	..	...
gefährlich	5	1	4	6	24	.	f,ch	.	...	äh	..	ich
gefallen	4	6	8	5	35	.	f..	.	...	..	..	all
gegen	4	2	5	2	24	.	...	.	...	e.	..	...
gehen	18	13	11	8	64	.	...	.	...	eh	..	...
gehst	0	0	2	1	6	.	...	.	.s.	eh	..	...
geht	2	5	4	2	17	.	...	.	...	eh	..	...
ging	2	4	2	4	19	.	ng.	.	...	..	..	ing

ca. 1000 häufige Wörter und häufigste Fehlerwörter	Schuljahre 1	2	3	4	S	Kennzeichnung: Konsonantenhäufung	Abweichung	Auslautverhärtung	s-Laut	Langvokal	Diphthong	Kurzvokal
gehören	5	4	7	4	26	.	...	.	...	ö.	..	...
gelb	11	6	8	4	39	.	...	b	...	..	..	e..
Geld	8	15	12	4	56	.	...	d	...	..	..	e..
genug	2	2	8	4	23	.	...	g	...	u.	..	...
gerade	6	4	6	6	37	.	...	.	...	a.	..	...
gern	7	12	8	2	43	.	...	.	...	..	..	e..
Geschäft	4	6	2	6	29	.	sch,f.		...	..	..	ä..
geschehen	6	1	5	7	24	.	sch	.	...	eh	..	...
geschieht	1	0	1	1	5	.	sch	.	...	ieh	..	...
geschah	0	0	1	1	4	.	sch	.	...	ah	..	...
Geschichte	5	6	7	4	32	.	sch,ch.		...	..	..	i..
gestern	7	10	8	2	40	.	...	.	.s.	..	..	e..
gesund	6	7	6	2	35	.	...	d	.s.	..	..	u..
gewinnen	4	2	10	5	32	.	...	.	...	..	..	inn
Gewitter	4	2	8	2	25	.	...	.	...	..	..	itt
gießen	5	5	10	7	33	.	...	.	.ß.	ie	..	...
Glas	7	10	7	6	42	.	...	.	.s.	a.	..	...
gleich	7	10	11	4	49	.	ch.	.	...	..	ei	...
Glück	5	7	7	5	37	.	...	.	...	..	..	ück
glücklich	4	1	6	2	18	.	ch.	.	...	..	..	ück, ich
graben	6	4	7	7	31	.	...	b	...	a.	..	...
Gras	8	4	8	4	35	.	...	.	.s.	a.	..	...
groß	17	11	7	4	54	.	...	.	.ß.	o.	..	...
größer	1	1	2	1	10	.	...	.	.ß.	ö.	..	...
größten	1	1	0	1	4	.	...	.	.ß.	ö.	..	...
grün	13	10	7	4	44	.	...	.	...	ü.	..	...
grüßen	5	5	10	1	30	.	...	.	.ß.	ü.	..	...
Gruß	6	1	2	1	17	.	...	.	.ß.	u.	..	...
gucken	7	4	11	4	32	.	...	.	...	..	..	uck
guck	0	1	2	0	5	.	...	.	...	..	..	uck
guckt	1	0	1	0	4	.	...	.	...	..	..	uck
Güte	1	0	0	0	4	.	...	.	...	ü.	..	...
gut	14	12	10	2	54	.	...	.	...	u.	..	...

ca. 1000 häufige Wörter und häufigste Fehlerwörter	Schuljahre 1	2	3	4	S	Kennzeichnung: Konsonantenhäufung	Abweichung	Auslautverhärtung	s-Laut	Langvokal	Diphthong	Kurzvokal
H h												
Haar	5	7	7	4	32	.	...	.	...	aa	..	...
haben	17	10	18	7	63	.	...	b	...	a.	..	...
hast	1	4	4	1	17	.	...	.	.s.	..	..	a..
hat	10	5	6	2	30	.	...	.	...	..	..	at!
hatte	2	6	6	2	24	.	...	.	...	..	..	att
hätte	1	0	2	1	10	.	...	.	...	..	..	ätt
hängen	8	5	14	6	42	.	ng.	.	...	..	..	äng
Haken	2	1	2	6	18	.	...	.	...	a.	..	...
halb	6	5	12	5	39	.	...	b	...	..	..	a..
Hals	5	5	10	5	33	.	...	.	.s.	..	..	a..
halten	13	11	12	4	54	.	...	.	...	..	..	a..
hält	2	4	4	1	17	.	...	.	...	..	..	ä..
Hand	10	17	8	4	51	.	...	d	...	..	..	a..
Hase	10	6	8	4	36	.	...	.	.s.	a.	..	...
Haus	18	10	8	4	54	.	...	.	.s.	..	au	...
Heft	6	13	6	2	38	.	f..	.	...	..	..	e..
heiß	10	6	6	4	37	.	...	.	.ß.	..	ei	...
heißen	8	8	12	6	45	.	...	.	.ß.	..	ei	...
heizen	4	0	1	10	20	.	z..	.	...	..	ei	...
helfen	10	14	11	5	56	.	f..	.	...	..	..	e..
Hemd	4	4	6	4	26	.	...	d	...	..	..	e..
her	8	8	7	1	36	.	...	.	...	e.	..	...
heraus	2	5	5	2	23	.	...	.	.s.	e.	au	...
herauskommen	4	1	2	2	13	.	...	.	.s.	e.	au	omm
Herbst	5	6	8	1	27	4	...	b	.s.	..	..	e..
herein	6	2	4	1	19	.	...	.	...	e.	ei	...
Herr	7	12	10	2	44	.	...	.	...	..	..	err
herunter	5	2	5	1	18	.	...	.	...	e.	..	u..
Herz	6	5	6	8	38	3	z..	.	...	..	..	e..
heute	10	13	11	4	51	.	...	.	...	..	eu	...
Hexe	6	2	6	0	20	.	x..	.	...	..	..	e..
hier	8	12	8	2	44	.	...	.	...	ie	..	...
Hilfe	4	1	5	5	23	.	...	.	...	..	..	i..
Himmel	8	8	6	2	39	.	...	.	...	..	..	imm
hin	7	10	7	2	37	.	...	.	...	..	..	in!
hinaus	2	4	4	1	17	.	...	.	.s.	..	au	in!

ca. 1000 häufige Wörter und häufigste Fehlerwörter	Schuljahre					Kennzeichnung						
	1	2	3	4	S	Konsonantenhäufung	Abweichung	Auslautverhärtung	s-Laut	Langvokal	Diphthong	Kurzvokal
hinein	6	5	4	0	20	.	...	.	...	..	ei	in!
hineingehen	2	1	1	1	6	.	...	.	...	eh	ei	in!
hinten	6	4	5	1	23	.	...	.	...	..	..	i..
hinter	7	4	10	4	33	.	...	.	...	..	..	i..
Hitze	5	1	4	7	24	.	z..	.	...	..	..	itz
hören	11	12	7	6	51	.	...	.	...	ö.	..	...
hoffen	2	2	4	5	19	.	f..	.	...	..	..	off
hoffentlich	2	1	1	5	18	3	f,ch	.	...	..	..	off,e, ich
holen	14	12	13	8	62	.	...	.	...	o.	..	...
Holz	6	7	6	6	35	3	z..	.	...	..	..	o..
Hose	10	8	5	4	38	.	...	.	.s.	o.	..	...
hüpfen	5	2	10	5	29	.	...	.	...	..	..	ü..
Hütte	5	0	4	6	18	.	...	.	...	..	..	ütt
Huhn	5	1	6	5	23	.	...	.	...	uh	..	...
Hund	14	12	6	2	48	.	...	d	...	..	..	u..
hundert	2	1	5	4	21	.	...	.	...	..	..	u,e
Hunger	7	6	7	8	39	.	ng.	.	...	..	..	ung
hungrig	4	4	4	1	17	3	ng.	g	...	..	..	ung,ig!
Hut	7	5	5	5	30	.	...	.	...	u.	..	...
I i												
ich	14	6	11	2	44	.	ch.	.	...	..	..	ich
Idee	1	0	0	2	11	.	...	.	...	ee	..	...
ihm	5	10	6	1	32	.	...	.	...	ih	..	...
ihn	5	10	7	1	33	.	...	.	...	ih	..	...
ihnen	2	5	1	2	21	.	...	.	...	ih	..	...
ihr	5	10	8	4	42	.	...	.	...	ih	..	...
ihrem	1	0	0	0	5	.	...	.	...	ih	..	...
im	14	7	8	4	42	.	...	.	...	..	..	im!
immer	7	12	12	2	48	.	...	.	...	..	..	imm
in	14	5	8	1	39	.	...	.	...	..	..	in!
ins	4	1	5	4	19	.	...	.	.s.	..	..	i..
interessant	1	1	0	2	15	.	...	.	.ss	..	..	i,ess,a
Interesse	0	0	0	0	7	.	...	.	.ss	..	..	i,ess
interessieren	2	0	1	0	7	.	...	.	.ss	ie	..	i,ess
irgendein	2	0	0	1	5	.	...	d	...	..	ei	i,e

ca. 1000 häufige Wörter und häufigste Fehlerwörter	Schuljahre					Kennzeichnung						
	1	2	3	4	S	Konsonantenhäufung	Abweichung	Auslautverhärtung	s-Laut	Langvokal	Diphthong	Kurzvokal
irgendwo	1	1	0	0	8	3	...	d	...	o.	..	i,e
isst	4	7	5	4	24	.	...	.	.ss	..	..	iss
ist	14	5	6	2	36	.	...	.	.s.	..	..	i..
J j												
ja	8	10	10	2	40	.	...	.	...	a.	..	...
Jahr	6	14	10	4	45	.	...	.	...	ah	..	...
jeder	2	7	7	4	30	.	...	.	...	e.	..	...
jetzt	8	10	14	7	54	3	z..	.	...	..	..	etz
jünger	0	0	0	0	2	.	ng.	.	...	..	..	üng
jung	6	7	7	4	35	.	ng.	.	...	..	..	ung
Junge	10	11	6	4	42	.	ng.	.	...	..	..	ung
K k												
Kaffee	8	7	11	6	45	.	f..	.	...	ee	..	aff
kalt	8	13	11	4	50	.	...	.	...	..	..	a..
kaputt	2	1	6	1	17	.	...	.	...	..	..	utt
Kartoffel	6	2	7	5	26	.	f..	.	...	a.	..	off
Katze	12	8	7	4	43	.	z..	.	...	..	..	atz
kaufen	14	14	8	5	56	.	f..	.	...	..	au	...
kein	8	12	8	2	42	.	...	.	...	..	ei	...
keine	5	6	2	2	19	.	...	.	...	..	ei	...
keinen	2	1	0	1	8	.	...	.	...	..	ei	...
Keller	7	5	11	7	36	.	...	.	...	..	..	ell
kennen	5	13	8	5	43	.	...	.	...	..	..	enn
kennt	1	2	5	4	15	.	...	.	...	..	..	enn
kannte	0	0	0	0	2	.	...	.	...	..	..	ann
Kind	17	8	7	4	50	.	...	d	...	..	..	i..
Kinder	6	6	6	1	21	.	...	.	...	..	..	i..
Kirche	6	4	8	0	30	.	ch.	.	...	..	..	i..
Kirsche	4	1	5	2	17	.	sch	.	...	..	..	i..
klar	5	5	5	4	31	.	...	.	...	a.	..	...
Klasse	5	13	7	2	38	.	...	.	.ss	..	..	ass
Kleid	11	12	10	4	49	.	...	d	...	..	ei	...
klein	14	10	6	4	49	.	...	.	...	..	ei	...
kleinen	1	1	1	1	7	.	...	.	...	..	ei	...
kleiner	2	0	1	1	7	.	...	.	...	..	ei	...

ca. 1000 häufige Wörter und häufigste Fehlerwörter	Schuljahre					Kennzeichnung						
	1	2	3	4	S	Konsonantenhäufung	Abweichung	Auslautverhärtung	s-Laut	Langvokal	Diphthong	Kurzvokal
kleines	4	0	0	1	7	.	...	.	.s.	..	ei	...
klettern	5	1	8	11	33	.	...	.	...	..	..	ett
klopfen	5	1	10	4	26	.	...	.	...	..	..	o..
Knopf	5	2	4	7	24	.	f..	.	...	..	..	o..
kochen	8	7	13	5	43	.	ch.	.	...	..	..	och
König	2	4	5	2	20	.	...	g	...	ö.	..	ig!
können	11	13	13	7	57	.	...	.	...	..	..	önn
kann	5	12	10	4	36	.	...	.	...	..	..	ann
kannst	1	0	2	1	8	3	...	.	.s.	..	..	ann
konnte	1	4	0	2	13	.	...	.	...	..	..	onn
könnte	1	0	2	2	10	.	...	.	...	..	..	önn
Kohle	5	2	5	2	23	.	...	.	...	oh	..	...
kommen	14	14	13	6	63	.	...	.	...	..	..	omm
komm	1	0	4	1	7	.	...	.	...	..	..	omm
kommst	1	0	2	1	7	3	...	.	.s.	..	..	omm
kommt	1	5	7	5	21	.	...	.	...	..	..	omm
kam	2	7	1	1	18	.	...	.	...	a.	..	...
kamen	1	4	1	0	8	.	...	.	...	a.	..	...
gekommen	0	0	4	0	6	.	...	.	...	..	..	omm
Kopf	8	14	8	4	48	.	...	.	...	..	..	o..
Korb	7	4	5	2	24	.	...	b	...	..	..	o..
krank	6	13	6	4	42	.	nk.	.	...	..	..	a..
Krankenhaus	2	4	5	1	21	.	nk.	.	.s.	..	au	a..
kratzen	5	1	4	6	19	.	z..	.	...	..	..	atz
Kreis	5	2	6	4	23	.	...	.	.s.	..	ei	...
kriechen	6	4	6	8	30	.	ch.	.	...	ie	..	...
Krieg	6	2	6	2	26	.	...	g	...	ie	..	...
kriegen	8	5	6	5	35	.	...	.	...	ie	..	...
kriege	1	0	1	1	6	.	...	.	...	ie	..	...
kriegst	2	0	1	1	6	3	...	g	.s.	ie	..	...
kriegt	0	1	2	1	8	.	...	g	...	ie	..	...
kriegte	0	0	2	0	6	.	...	g	...	ie	..	...
Kuchen	8	10	6	5	40	.	ch.	.	...	u.	..	...
Küche	7	8	8	4	38	.	ch.	.	...	..	..	üch
Kuh	10	5	4	5	33	.	...	.	...	uh	..	...
kurz	10	6	8	2	42	3	z..	.	...	..	..	u..

ca. 1000 häufige Wörter und häufigste Fehlerwörter	Schuljahre 1	2	3	4	S	Kennzeichnung Konsonantenhäufung	Abweichung	Auslautverhärtung	s-Laut	Langvokal	Diphthong	Kurzvokal
L l												
lachen	13	14	11	4	55	.	ch.	.	...	..	..	ach
Land	6	6	7	6	39	.	...	d	...	..	..	a..
lang	11	14	11	4	55	.	ng.	.	...	..	..	ang
langsam	5	4	10	4	33	.	ng.	.	...	a.	..	ang
lassen	11	12	14	7	60	.	...	.	.ss	..	..	ass
lass	1	0	4	1	11	.	...	.	.ss	..	..	ass
lässt	2	4	2	1	15	.	...	.	.ss	..	..	äss
lasst	1	0	2	1	6	.	...	.	.ss	..	..	ass
ließ	0	1	1	0	8	.	...	.	.ß.	ie	..	...
laufen	14	13	10	5	56	.	f..	.	...	..	au	...
läuft	1	5	5	2	18	.	f..	.	...	..	äu	...
laut	8	6	12	4	45	.	...	.	...	..	au	...
leben	7	7	7	7	38	.	...	b	...	e.	..	...
leer	6	1	8	6	32	.	...	.	...	ee	..	...
legen	10	17	13	8	58	.	...	g	...	e.	..	...
Lehrer	7	8	10	4	40	.	...	.	...	eh	..	...
Lehrerin	2	1	4	0	12	.	...	.	...	eh	..	in!
leicht	5	11	6	2	37	.	ch.	.	...	..	ei	...
leise	7	4	8	4	33	.	...	.	.s.	..	ei	...
lernen	8	14	8	5	50	.	...	.	...	..	..	e..
lesen	14	15	8	5	58	.	...	.	.s.	e.	..	...
liest	4	5	5	2	21	.	...	.	.s.	ie	..	...
las	1	1	1	0	7	.	...	.	.s.	a.	..	...
letzte	5	4	10	4	27	3	z..	.	...	..	..	etz
leuchten	4	2	4	2	19	.	ch.	.	...	..	eu	...
Leute	12	11	15	4	56	.	...	.	...	..	eu	...
Licht	8	10	8	4	43	.	ch.	.	...	..	..	i..
lieb	8	5	4	2	30	.	...	b	...	ie	..	...
lieben	5	10	5	2	30	.	...	b	...	ie	..	...
Lied	7	6	7	5	32	.	...	d	...	ie	..	...
liegen	11	17	13	5	60	.	...	.	...	ie	..	...
liegt	2	5	7	2	20	.	...	g	...	ie	..	...
links	4	4	8	1	27	3	nk.	.	.s.	..	..	ink
Liter	5	0	1	7	20	.	...	.	...	i.	..	...
Loch	6	5	11	6	36	.	ch.	.	...	..	..	och
Löffel	5	6	6	4	29	.	f..	.	...	..	..	öff

ca. 1000 häufige Wörter und häufigste Fehlerwörter	Schuljahre 1	2	3	4	S	Kennzeichnung: Konsonantenhäufung	Abweichung	Auslautverhärtung	s-Laut	Langvokal	Diphthong	Kurzvokal
los	7	5	5	2	29	.	...	.	.s.	o.	..	...
loslassen	5	1	2	2	15	.	...	.	s,ss	o.	..	ass
Luft	6	11	10	6	46	.	f..	.	...	..	..	u..
lustig	5	5	12	5	38	.	...	g	.s.	..	..	u,ig!
M m												
machen	14	13	15	8	64	.	ch.	.	...	..	..	ach
Mädchen	11	14	10	4	52	.	ch.	d	...	ä.	..	...
mal	7	2	10	2	31	.	...	.	...	a.	..	...
malen	14	8	6	4	44	.	...	.	...	a.	..	...
Mama	6	4	5	2	20	.	...	.	...	..	..	a..
man	6	5	11	2	33	.	...	.	...	..	..	an!
manchmal	5	4	6	6	31	3	ch.	.	...	a.	..	a..
Mann	11	12	13	4	54	.	...	.	...	..	..	ann
Mark	8	8	8	4	43	.	...	.	...	..	..	a..
Markt	5	2	7	5	26	3	...	.	...	..	..	a..
Maschine	5	2	8	4	31	.	sch	.	...	i.	..	...
Maus	12	7	6	2	36	.	...	.	.s.	..	au	...
Meer	6	2	6	6	30	.	...	.	...	ee	..	...
Mehl	6	2	4	7	25	.	...	.	...	eh	..	...
mehr	7	8	11	2	43	.	...	.	...	eh	..	...
mein	12	7	8	2	39	.	...	.	...	..	ei	...
meine	5	4	5	2	20	.	...	.	...	..	ei	...
meinem	1	1	2	1	10	.	...	.	...	..	ei	...
meinen	4	0	1	1	10	.	...	.	...	..	ei	...
meinen (Verb)	6	7	8	6	36	.	...	.	...	..	ei	...
meistens	2	0	4	1	13	.	...	.	.s.	..	ei	...
Mensch	7	5	7	6	36	.	sch	.	...	..	..	e..
merken	6	4	11	8	38	.	...	.	...	..	..	e..
Messer	7	8	5	4	35	.	...	.	.ss	..	..	ess
mich	8	11	8	2	39	.	ch.	.	...	..	..	ich
Milch	10	13	7	5	45	.	ch.	.	...	..	..	i..
Minute	6	4	10	1	30	.	...	.	...	u.	..	...
mir	8	11	10	2	42	.	...	.	...	i.	..	...
mit	14	6	8	2	42	.	...	.	...	..	..	it!
mitbringen	6	1	2	4	17	3	ng.	.	...	..	..	it,ing
Mittag	6	5	7	8	35	.	...	g	...	a.	..	itt

ca. 1000 häufige Wörter und häufigste Fehlerwörter	Schuljahre 1	2	3	4	S	Kennzeichnung: Konsonantenhäufung	Abweichung	Auslautverhärtung	s-Laut	Langvokal	Diphthong	Kurzvokal
Mitte	5	7	6	4	32	.	...	.	...	..	..	itt
Mittel	1	0	0	0	6	.	...	.	...	..	..	itt
Mittwoch	1	5	7	2	24	.	ch.	.	...	..	..	itt, och
mögen	11	14	5	4	44	.	...	g	...	ö.	..	...
möchte	2	6	5	4	24	.	ch.	.	...	..	..	ö..
mag	4	6	1	4	20	.	...	g	...	a.	..	...
möglich	4	1	1	2	19	.	ch.	g	...	ö.	..	ich
Montag	1	6	8	2	26	.	...	g	...	o,a	..	...
Morgen	6	8	10	5	42	.	...	.	...	..	..	o..
morgens	4	2	2	5	23	.	...	.	.s.	..	..	o..
Motor	2	2	6	6	24	.	...	.	...	o,o	..	...
müde	7	5	7	6	39	.	...	.	...	ü.	..	...
müssen	11	14	15	7	61	.	...	.	.ss	..	..	üss
muss	4	6	10	4	30	.	...	.	.ss	..	..	uss
musst	1	0	6	1	11	.	...	.	.ss	..	..	uss
musste	2	4	2	2	14	.	...	.	.ss	..	..	uss
müsste	1	0	2	2	10	.	...	.	.ss	..	..	üss
Mütze	6	4	6	8	33	.	z..	.	...	..	..	ütz
Mund	7	11	5	5	42	.	...	d	...	..	..	u..
Musik	5	4	5	6	31	.	...	.	.s.	i.	..	...
Mutter	17	10	8	4	52	.	...	.	...	..	..	utt
N n												
nach	11	10	8	1	40	.	ch.	.	...	a.	..	...
Nachbar	4	4	6	2	24	.	ch.	.	...	a.	..	a..
nachdem	0	0	0	1	6	.	ch.	.	...	a,e	..	...
nachdenken	2	1	0	0	10	.	ch,nk.		...	a.	..	e..
nachher	6	5	5	2	25	.	ch.	.	...	a,e	..	...
nachmachen	2	1	0	1	7	.	ch,ch.		...	a.	..	ach
Nachmittag	4	4	6	2	25	.	ch.	g	...	a,a	..	itt
Nacht	10	10	8	4	45	.	ch.	.	...	..	..	a..
nächste	2	1	5	4	17	3	chs	.	.s.	ä.	..	...
nächsten	1	1	1	1	7	3	chs	.	.s.	ä.	..	...
Nähe	5	2	4	4	21	.	...	.	...	äh	..	...
nähen	6	4	6	8	29	.	...	.	...	äh	..	...
nämlich	5	4	7	5	30	.	ch.	.	...	ä.	..	ich

ca. 1000 häufige Wörter und häufigste Fehlerwörter	Schuljahre					Kennzeichnung						
	1	2	3	4	S	Konsonantenhäufung	Abweichung	Auslautverhärtung	s-Laut	Langvokal	Diphthong	Kurzvokal
nah	5	5	4	4	26	.	...	.	...	ah	..	...
Name	5	13	5	2	36	.	...	.	...	a.	..	...
Nase	13	6	10	4	45	.	...	.	.s.	a.	..	...
nass	6	6	7	4	35	.	...	.	.ss	..	..	ass
nehmen	12	13	17	6	62	.	...	.	...	eh	..	...
nimmst	1	0	2	1	5	3	...	.	.s.	..	..	imm
nimmt	2	4	2	2	17	.	...	.	...	..	..	imm
nahm	1	4	1	0	13	.	...	.	...	ah	..	...
Nest	10	7	6	4	33	.	...	.	.s.	..	..	e..
Netz	4	1	2	5	17	.	z..	.	...	..	..	etz
neu	13	8	8	2	44	.	...	.	...	..	eu	...
neun	7	5	6	4	35	.	...	.	...	..	eu	...
nicht	13	11	10	4	49	.	ch.	.	...	..	..	i..
nichts	7	6	13	4	40	3	ch.	.	.s.	..	..	i..
nie	5	7	4	5	32	.	...	.	...	ie	..	...
niemals	4	2	1	7	19	.	...	.	.s.	ie,a	..	...
niemand	6	4	1	8	29	.	...	d	...	ie	..	a..
noch	10	7	11	2	42	.	ch.	.	...	..	..	och
Nummer	4	0	6	4	23	.	...	.	...	..	..	umm
nun	11	7	7	2	39	.	...	.	...	u.	..	...
nur	10	12	10	2	45	.	...	.	...	u.	..	...

O o

ob	7	5	7	5	35	.	...	b	...	..	..	ob!
oben	8	8	8	2	40	.	...	.	...	o.	..	...
Obst	4	1	5	7	23	3	...	b	.s.	o.	..	...
obwohl	1	1	2	5	17	.	...	b	...	oh	..	ob!
oder	8	11	7	2	39	.	...	.	...	o.	..	...
öffnen	2	2	6	4	20	.	f..	.	...	..	..	öff
Öl	6	1	2	4	19	.	...	.	...	ö.	..	...
Ofen	10	2	6	2	26	.	f..	.	...	o.	..	...
offen	5	5	8	4	32	.	f..	.	...	..	..	off
oft	4	8	5	4	33	.	f..	.	...	..	..	o..
ohne	6	6	6	2	31	.	...	.	...	oh	..	...
Ohr	10	6	6	2	35	.	...	.	...	oh	..	...
Onkel	8	5	10	2	37	.	nk.	.	...	..	..	o..
Ordnung	5	4	0	4	20	3	ng.	d	...	..	..	o,ung

ca. 1000 häufige Wörter und häufigste Fehlerwörter	Schuljahre					Kennzeichnung						
	1	2	3	4	S	Konsonantenhäufung	Abweichung	Auslautverhärtung	s-Laut	Langvokal	Diphthong	Kurzvokal
Ort	5	5	2	4	24	.	...	.	...	..	..	o..
Ostern	5	4	5	6	26	.	...	.	.s.	o.	..	...
P p												
Paar	4	4	4	5	23	.	...	.	...	aa	..	...
packen	6	2	8	6	29	.	...	.	...	..	..	ack
Paket	5	1	4	6	25	.	...	.	...	a,e	..	...
Papier	6	12	7	4	44	.	...	.	...	a,ie	..	...
passen	6	4	7	7	30	.	...	.	.ss	..	..	ass
passieren	4	1	2	5	18	.	...	.	.ss	ie	..	ass
Pause	4	5	10	5	30	.	...	.	.s.	..	au	...
pfeifen	5	0	8	5	25	.	f,f	.	...	..	ei	...
Pfennig	6	7	8	5	40	.	f..	g	...	..	..	enn,ig!
Pferd	10	6	10	2	38	.	f..	d	...	e.	..	...
pflanzen	4	4	4	1	21	3!	f,z	.	...	..	..	a..
pflegen	5	5	7	5	30	3	f..	g	...	e.	..	...
pflücken	6	1	5	6	23	3	f..	.	...	..	..	ück
Pfund	6	4	5	6	26	.	f..	d	...	..	..	u..
Platz	7	13	12	4	50	.	z..	.	...	..	..	atz
plötzlich	4	2	6	6	33	3	z,ch	.	...	..	..	ötz,ich
Post	5	8	11	2	37	.	...	.	.s.	..	..	o..
Preis	5	10	4	5	35	.	...	.	.s.	..	ei	...
Punkt	5	2	8	7	29	.	nk.	.	...	..	..	u..
Puppe	11	12	6	2	40	.	...	.	...	..	..	upp
putzen	6	2	13	1	31	.	z..	.	...	..	..	utz
Q q												
Quelle	6	0	4	4	18	.	qu.	.	...	..	..	ell
quer	4	1	4	1	19	.	qu.	.	...	e.	..	...
R r												
Rad	11	11	10	2	43	.	...	d	...	a.	..	...
raten	6	6	6	5	33	.	...	.	...	a.	..	...
Rauch	5	1	0	1	11	.	ch.	.	...	..	au	...
rauchen	6	4	7	1	21	.	ch.	.	...	..	au	...
rechnen	6	11	5	4	37	.	ch.	.	...	..	..	e..
rechts	4	2	8	2	27	3	ch.	.	.s.	..	..	e..

ca. 1000 häufige Wörter und häufigste Fehlerwörter	Schuljahre					Kennzeichnung						
	1	2	3	4	S	Konsonantenhäufung	Abweichung	Auslautverhärtung	s-Laut	Langvokal	Diphthong	Kurzvokal
Regen	4	11	7	2	36	.	...	.	...	e.	..	...
regnen	6	6	8	6	35	.	...	g	...	e.	..	...
reich	7	2	8	5	33	.	ch.	.	...	..	ei	...
Reihe	7	6	1	4	30	.	...	.	...	..	eih	...
reisen	6	5	6	4	31	.	...	.	.s.	..	ei	...
reißen	8	2	12	5	33	.	...	.	.ß.	..	ei	...
rennen	8	5	11	4	36	.	...	.	...	..	..	enn
rannte	0	0	0	0	2	.	...	.	...	..	..	ann
richtig	6	10	10	7	44	.	ch.	g	...	..	..	i,ig!
riechen	5	5	2	8	31	.	ch.	.	...	ie	..	...
Ring	5	8	6	4	31	.	ng.	.	...	..	..	ing
Rock	5	4	6	6	29	.	...	.	...	..	..	ock
rollen	5	7	5	5	29	.	...	.	...	..	..	oll
rot	17	8	7	4	46	.	...	.	...	o.	..	...
Rücken	6	4	8	5	33	.	...	.	...	..	..	ück
Ruf	2	0	0	0	6	.	f..	.	...	u.	..	...
rufen	10	14	8	6	50	.	f..	.	...	u.	..	...
ruft	2	5	1	1	10	.	f..	.	...	u.	..	...
rief	0	1	0	0	7	.	f..	.	...	ie	..	...
Ruhe	7	2	6	5	31	.	...	.	...	uh	..	...
ruhig	6	5	5	6	33	.	...	g	...	uh	..	ig!
rund	5	5	6	7	33	.	...	d	...	..	..	u..
rutschen	5	1	8	6	26	.	sch	.	...	..	..	u..
S s												
Sache	6	7	2	1	27	.	ch.	.	...	..	..	ach
Sachen	3	1	1	2	12	.	ch.	.	...	..	..	ach
säen	6	1	4	2	18	.	...	.	...	ä.	..	...
sagen	15	13	17	5	65	.	...	.	...	a.	..	...
sagt	2	5	5	4	19	.	...	g	...	a.	..	...
sagte	1	1	2	2	11	.	...	g	...	a.	..	...
gesagt	1	1	1	0	7	.	...	g	...	a.	..	...
Salz	7	1	5	7	27	3	z..	.	...	..	..	a..
sammeln	5	2	6	2	25	.	...	.	...	..	..	amm
Samstag	2	2	8	2	20	.	...	g	.s.	a.	..	a..
Sand	10	8	7	2	38	.	...	d	...	..	..	a..
satt	6	2	8	6	29	.	...	.	...	..	..	att

ca. 1000 häufige Wörter und häufigste Fehlerwörter	Schuljahre					Kennzeichnung						
	1	2	3	4	S	Konsonantenhäufung	Abweichung	Auslautverhärtung	s-Laut	Langvokal	Diphthong	Kurzvokal
Satz	4	4	5	4	24	.	z..	.	...	..	..	atz
sauber	7	2	5	4	27	.	...	.	...	..	au	...
schaffen	5	2	6	12	33	.	sch,f	.	...	..	..	aff
geschafft	1	0	1	1	5	.	sch,f	.	...	..	..	aff
scharf	5	5	1	5	25	.	sch,f	.	...	..	..	a..
schauen	6	6	8	4	35	.	sch	.	...	..	au	...
scheinen	7	8	6	2	35	.	sch	.	...	..	ei	...
schenken	6	6	8	5	33	.	sch,nk	.	...	..	..	e..
Schere	4	4	2	7	26	.	sch	.	...	e.	..	...
schicken	6	5	7	7	33	.	sch	.	...	..	..	ick
schieben	5	5	8	6	32	.	sch	b	...	ie	..	...
schief	5	0	2	7	24	.	sch,f	.	...	ie	..	...
schießen	6	1	5	10	26	.	sch	.	.ß.	ie	..	...
Schiff	10	12	8	4	48	.	sch,f	.	...	..	..	iff
schimpfen	6	2	5	2	23	3	sch,f	.	...	..	..	i..
schlafen	11	15	10	5	55	.	sch,f	.	...	a.	..	...
schlagen	6	7	6	5	35	.	sch	g	...	a.	..	...
schlecht	6	5	10	5	39	.	sch,ch	.	...	..	..	e..
schließen	6	5	5	2	29	.	sch	.	.ß.	ie	..	...
schloss	0	0	0	1	4	.	sch	.	.ss	..	..	oss
geschlossen	1	0	0	1	5	.	sch	.	.ss	..	..	oss
schließlich	1	1	0	5	15	.	sch,ch	.	.ß.	ie	..	ich
schlimm	5	1	7	6	31	.	sch	.	...	..	..	imm
Schlitten	8	8	10	1	35	.	sch	.	...	..	..	itt
Schloss	5	2	8	2	27	.	sch	.	.ss	..	..	oss
Schlüssel	6	6	7	6	36	.	sch	.	.ss	..	..	üss
Schluss	2	2	6	4	27	.	sch	.	.ss	..	..	uss
schmecken	7	6	5	8	35	.	sch	.	...	..	..	eck
Schnee	8	11	7	1	39	.	sch	.	...	ee	..	...
schneiden	10	7	6	10	42	.	sch	.	...	..	ei	...
schnell	8	14	10	4	50	.	sch	.	...	..	..	ell
schön	13	10	8	4	49	.	sch	.	...	ö.	..	...
schöne	1	0	1	1	6	.	sch	.	...	ö.	..	...
schönen	1	0	1	0	5	.	sch	.	...	ö.	..	...
schönes	1	0	1	1	6	.	sch	.	...	ö.	..	...
Schokolade	7	5	6	6	33	.	sch	.	...	o,o,a	..	...

ca. 1000 häufige Wörter und häufigste Fehlerwörter	Schuljahre					Kennzeichnung						
	1	2	3	4	S	Konsonantenhäufung	Abweichung	Auslautverhärtung	s-Laut	Langvokal	Diphthong	Kurzvokal
schon	8	12	10	2	44	.	sch	.	...	o.	..	...
Schrank	10	6	10	4	40	.	sch,nk	.	...	..	..	a..
Schreck	2	1	5	4	18	.	sch	.	...	..	..	eck
schrecklich	5	0	7	2	20	.	sch,ch	.	...	..	..	eck,ich
schreiben	12	18	8	5	58	.	sch	b	...	..	ei	...
schreien	6	5	6	4	29	.	sch	.	...	..	ei	...
Schrift	2	1	4	2	19	.	sch,f	.	...	..	..	i..
Schüler	7	2	5	1	24	.	sch	.	...	ü.	..	...
Schuh	8	5	8	6	36	.	sch	.	...	uh	..	...
Schule	18	10	11	4	54	.	sch	.	...	u.	..	...
Schwanz	6	6	6	5	31	3	sch,z	.	...	..	..	a..
schwarz	11	6	8	2	38	3	sch,z	.	...	..	..	a..
Schwein	8	6	5	4	29	.	sch	.	...	..	ei	...
schwer	6	10	10	2	42	.	sch	.	...	e.	..	...
Schwester	7	10	10	2	42	.	sch	.	.s.	..	..	e..
schwimmen	6	10	13	6	45	.	sch	.	...	..	..	imm
sechs	8	7	6	4	35	.	chs	.	.s.	..	..	e..
See	5	7	11	2	37	.	...	.	...	ee	..	...
sehen	13	18	10	6	61	.	...	.	...	eh	..	...
siehst	1	1	1	1	6	.	...	.	.s.	ieh	..	...
sieht	5	7	5	2	25	.	...	.	...	ieh	..	...
sah	1	5	0	2	15	.	...	.	...	ah	..	...
gesehen	1	1	0	0	6	.	...	.	...	eh	..	...
sehr	7	15	7	2	45	.	...	.	...	eh	..	...
sein (Verb)	8	11	11	5	44	.	...	.	...	..	ei	...
sein	5	6	6	2	23	.	...	.	...	..	ei	...
seine	4	5	4	2	17	.	...	.	...	..	ei	...
seinem	0	0	1	0	5	.	...	.	...	..	ei	...
seinen	1	1	0	1	7	.	...	.	...	..	ei	...
seit	4	2	4	2	23	.	...	.	...	..	ei	...
Seite	6	11	5	5	39	.	...	.	...	..	ei	...
selbst	5	4	8	4	31	4	...	b	.s.	..	..	e..
selbstständig	0	0	0	0	7	4	...	b,g	.s.	..	..	e,ä,ig!
setzen	8	10	10	5	44	.	z..	.	...	..	..	etz
sich	8	13	8	1	42	.	ch.	.	...	..	..	ich
sicher	4	4	5	5	30	.	ch.	.	...	..	..	ich
sie	15	7	15	5	56	.	...	.	...	ie	..	...

ca. 1000 häufige Wörter und häufigste Fehlerwörter	Schuljahre					Kennzeichnung						
	1	2	3	4	S	Konsonantenhäufung	Abweichung	Auslautverhärtung	s-Laut	Langvokal	Diphthong	Kurzvokal
sieben	6	5	5	4	27	.	...	b	...	ie	..	...
sind	15	11	7	4	44	.	...	d	...	..	..	i..
singen	11	10	10	4	45	.	ng.	.	...	..	..	ing
sitzen	10	13	12	5	54	.	z..	.	...	..	..	itz
sitze	1	11	1	1	4	.	z..	.	...	..	..	itz
sitzt	1	4	4	4	13	3	z..	.	...	..	..	itz
saß	1	0	2	0	8	.	...	.	.ß.	a.	..	...
gesessen	1	0	1	0	5	.	...	.	s,ss	..	..	ess
so	13	5	10	2	42	.	...	.	...	o.	..	...
sofort	5	2	8	4	31	.	f..	.	...	o.	..	o..
sogar	6	2	2	7	26	.	...	.	...	o,a	..	...
Sohn	2	4	5	6	29	.	...	.	...	oh	..	...
sollen	11	7	7	6	45	.	...	.	...	..	..	oll
soll	1	2	6	2	15	.	...	.	...	..	..	oll
sollte	0	0	0	2	6	.	...	.	...	..	..	oll
sollten	1	0	1	0	5	.	...	.	...	..	..	oll
Sommer	7	11	10	4	44	.	...	.	...	..	..	omm
sondern	4	2	5	4	25	.	...	.	...	..	..	o..
Sonne	10	13	7	4	48	.	...	.	...	..	..	onn
Sonntag	6	10	10	4	38	.	...	g	...	a.	..	onn
sonst	5	4	8	5	31	3	...	.	.s.	..	..	o..
spät	6	6	10	5	38	.	sp.	.	...	ä.	..	...
sparen	6	4	5	5	26	.	sp.	.	...	a.	..	...
Spaß	4	8	6	7	39	.	sp.	.	.ß.	a.	..	...
spazieren	5	1	2	2	17	.	sp,z	.	...	a,ie	..	...
Spiel	4	6	7	4	33	.	sp.	.	...	ie	..	...
spielen	17	18	11	6	68	.	sp.	.	...	ie	..	...
spielst	0	0	0	1	1	3	sp.	.	.s.	ie	..	...
spielt	4	2	4	2	12	.	sp.	.	...	ie	..	...
sprechen	5	8	11	6	45	3	sp,ch	.	...	..	..	ech
springen	6	8	8	7	42	3	sp,ng	.	...	..	..	ing
spritzen	5	1	6	6	21	3	sp,z	.	...	..	..	itz
Stadt	8	11	5	6	44	.	st,dt	.	...	..	..	adt
Stall	7	1	8	2	26	.	st.	.	...	..	..	all
stark	4	6	5	5	35	.	st.	.	...	..	..	a..
stecken	8	2	10	1	31	.	st.	.	...	..	..	eck

ca. 1000 häufige Wörter und häufigste Fehlerwörter	Schuljahre					Kennzeichnung						
	1	2	3	4	S	Konsonantenhäufung	Abweichung	Auslautverhärtung	s-Laut	Langvokal	Diphthong	Kurzvokal
stehen	12	15	10	6	57	.	st.	.	...	eh	..	...
steht	4	2	4	2	15	.	st.	.	...	eh	..	...
stand	1	4	4	1	14	.	st.	d	...	..	..	a..
standen	1	1	2	0	7	.	st.	.	...	..	..	a..
Stelle	6	2	5	4	26	.	st.	.	...	..	..	ell
stellen	7	10	11	6	49	.	st.	.	...	..	..	ell
stellte	0	0	0	0	2	.	st.	.	...	..	..	ell
gestellt	0	0	1	0	4	.	st.	.	...	..	..	ell
still	6	5	5	2	29	.	st.	.	...	..	..	ill
Stock	6	5	5	4	27	.	st.	.	...	..	..	ock
stoßen	6	2	13	3	33	.	st.	.	.ß.	o.	..	...
Straße	10	12	12	6	54	3	st.	.	.ß.	a.	..	...
streicheln	5	2	10	4	23	3	st,ch	.	...	..	ei	...
streiten	2	0	1	6	19	3	st.	.	...	..	ei	...
Strumpf	6	1	2	4	19	3!	st,f	.	...	..	..	u..
Stück	6	7	11	4	40	.	st.	.	...	..	..	ück
stürzen	5	1	6	6	26	3	st,z	.	...	..	..	ü..
Stuhl	8	5	8	5	37	.	st.	.	...	uh	..	...
Stunde	6	11	8	4	42	.	st.	.	...	..	..	u..
suchen	12	13	8	5	49	.	ch.	.	...	u.	..	...
süß	6	4	4	6	27	.	...	.	.ß.	ü.	..	...
Suppe	8	2	2	5	24	.	...	.	...	..	..	upp
T t												
Tafel	10	6	8	2	35	.	f..	.	...	a.	..	...
Tag	7	15	10	5	52	.	...	g	...	a.	..	...
Tage	0	0	1	1	5	.	...	.	...	a.	..	...
Tages	0	0	1	0	4	.	...	.	.s.	a.	..	...
Tante	8	5	8	4	35	.	...	.	...	..	..	a..
tanzen	6	2	11	5	32	3	z..	.	...	..	..	a..
Tasche	6	7	10	4	38	.	sch	.	...	..	..	asch
Tasse	10	13	8	5	46	.	...	.	.ss	..	..	ass
Tee	6	6	10	4	38	.	...	.	...	ee	..	...
teilen	5	2	4	5	26	.	...	.	...	..	ei	...
Telefon	1	6	6	4	30	.	f..	.	...	e,e,o	..	...
Teller	7	8	6	7	38	.	...	.	...	..	..	ell
teuer	5	5	4	4	27	.	...	.	...	..	eu	...

ca. 1000 häufige Wörter und häufigste Fehlerwörter	Schuljahre					Kennzeichnung						
	1	2	3	4	S	Konsonantenhäufung	Abweichung	Auslautverhärtung	s-Laut	Langvokal	Diphthong	Kurzvokal
tief	6	5	7	6	36	.	f..	.	...	ie	..	...
Tier	6	13	7	4	43	.	...	.	...	ie	..	...
Tisch	15	7	11	4	49	.	sch	.	...	..	..	isch
Tochter	2	5	5	5	30	.	ch.	.	...	..	..	o..
Tod	2	1	2	0	13	.	...	d	...	o.	..	...
Topf	5	2	7	1	24	.	...	.	...	..	..	o..
Tor	5	5	11	2	29	.	...	.	...	o.	..	...
tot	6	4	10	5	36	.	...	.	...	o.	..	...
träumen	4	0	7	5	20	.	...	.	...	..	äu	...
tragen	10	15	10	5	54	.	...	g	...	a.	..	...
traurig	6	4	10	2	31	.	...	g	...	..	au	ig!
treffen	6	4	7	6	32	.	f..	.	...	..	..	eff
Treppe	6	6	14	4	39	.	...	.	...	..	..	epp
trinken	8	11	13	5	51	.	nk.	.	...	..	..	ink
trocken	6	6	6	6	35	.	...	.	...	..	..	ock
trotzdem	2	1	6	6	24	3	z..	.	...	e.	..	otz
tüchtig	6	0	6	6	23	.	ch.	g	...	..	..	ü,ig!
Tür	12	8	8	5	45	.	...	.	...	ü.	..	...
Tüte	5	4	7	2	24	.	...	.	...	ü.	..	...
tun	11	14	12	7	56	.	...	.	...	u.	..	...
turnen	5	1	8	4	25	.	...	.	...	..	..	u..
U u												
üben	4	10	4	2	29	.	...	b	...	ü.	..	...
über	7	12	10	2	42	.	...	.	...	ü.	..	...
überall	5	2	1	6	24	.	...	.	...	ü.	..	all
übrig	5	0	2	4	18	.	...	b,g	...	ü.	..	ig!
Uhr	11	13	10	4	51	.	...	.	...	uh	..	...
um	10	10	11	2	43	.	...	.	...	..	..	um!
und	17	5	10	2	45	.	...	d	...	..	..	u..
Unfall	2	2	5	6	26	.	f..	.	...	..	..	un,all
uns	11	7	8	2	38	.	...	.	.s.	..	..	u..
unser	7	5	7	1	26	.	...	.	.s.	..	..	u..
unserem	0	0	0	0	4	.	...	.	.s.	..	..	u..
unseren	1	0	1	1	5	.	...	.	.s.	..	..	u..
unten	7	14	8	2	46	.	...	.	...	..	..	u..
unter	8	7	11	2	39	.	...	.	...	..	..	u..

ca. 1000 häufige Wörter und häufigste Fehlerwörter	Schuljahre					Kennzeichnung						
	1	2	3	4	S	Konsonantenhäufung	Abweichung	Auslautverhärtung	s-Laut	Langvokal	Diphthong	Kurzvokal
Unterricht	1	0	6	4	17	.	ch.	.	...	..	..	u,i
Urlaub	1	2	1	6	20	.	...	b	...	u.	au	...
V v												
Vater	18	11	8	4	55	.	v..	.	...	a.	..	...
vergessen	6	6	12	6	43	.	v..	.	.ss	..	..	er!,ess
verkaufen	7	5	7	5	31	.	v,f	.	...	..	au	er!
Verkehr	4	2	6	6	29	.	v..	.	...	eh	..	er!
verlieren	7	5	10	5	37	.	v..	.	...	ie	..	er!
verloren	1	2	2	2	12	.	v..	.	...	o.	..	er!
verraten	4	0	5	5	18	.	v..	.	...	a.	..	er!
verschieden	2	0	0	2	10	.	v,sch	.	...	ie	..	er!
verstecken	8	2	5	4	26	3	v,st	.	...	..	..	er!,eck
versuchen	5	2	2	8	26	.	v,ch	.	...	u.	..	er!
Verwandte	1	0	1	1	6	.	v..	dt	...	..	..	er!,a
Vieh	4	2	0	7	18	.	v..	.	...	ieh	..	...
viel	12	12	10	4	46	.	v..	.	...	ie	..	...
viele	4	5	4	1	18	.	v..	.	...	ie	..	...
vielleicht	6	2	7	6	33	.	v,ch	.	...	ie	ei	...
vier	8	10	8	2	38	.	v..	.	...	ie	..	...
Vogel	11	12	6	2	42	.	v..	.	...	o.	..	...
voll	7	11	12	4	49	.	v..	.	...	..	..	oll
vom	5	7	7	1	29	.	v..	.	...	..	..	om!
von	11	11	8	2	44	.	v..	.	...	..	..	on!
vor	12	11	10	2	46	.	v..	.	...	o.	..	...
voran	1	0	0	1	6	.	v..	.	...	o.	..	an!
vorbei	5	1	5	5	23	.	v..	.	...	o.	ei	...
vorher	4	1	7	5	26	.	v..	.	...	o,e	..	...
vorn	5	2	4	4	21	.	v..	.	...	..	..	o..
vorsichtig	4	0	8	2	24	.	v,ch	g	...	o.	..	i,ig!
W w												
wachsen	6	2	8	4	31	.	chs	.	.s.	..	..	a..
während	2	1	4	4	21	.	...	d	...	äh	..	e..
Wagen	13	10	15	4	56	.	...	.	...	a.	..	...
wahr	4	4	7	4	30	.	...	.	...	ah	..	...

ca. 1000 häufige Wörter und häufigste Fehlerwörter	Schuljahre					Kennzeichnung						
	1	2	3	4	S	Konsonantenhäufung	Abweichung	Auslautverhärtung	s-Laut	Langvokal	Diphthong	Kurzvokal
wahrscheinlich	2	0	2	1	12	.	sch,ch	.	...	ah	ei	ich
Wald	11	11	8	2	45	.	...	d	...	..	..	a..
Wand	5	6	6	5	32	.	...	d	...	..	..	a..
wann	4	5	7	2	27	.	...	.	...	..	..	ann
war	12	6	8	2	36	.	...	.	...	a.	..	...
waren	5	4	4	1	17	.	...	.	...	a.	..	...
wäre	1	1	0	2	11	.	...	.	...	ä.	..	...
warm	10	6	7	5	37	.	...	.	...	..	..	a..
warten	11	12	10	6	54	.	...	.	...	..	..	a..
warum	6	6	7	2	31	.	...	.	...	a.	..	um!
was	13	5	11	1	40	.	...	.	.s.	..	..	as!
waschen	11	10	11	4	50	.	sch	.	...	..	..	asch
Wasser	13	13	13	5	58	.	...	.	.ss	..	..	ass
wechseln	6	0	5	4	20	.	chs	.	.s.	..	..	e..
Weg	10	11	7	4	44	.	...	g	...	e.	..	...
weg	6	7	6	4	32	.	...	g	...	..	..	eg!
wegen	4	1	5	4	23	.	...	.	...	e.	..	...
weich	8	6	5	1	33	.	ch.	.	...	..	ei	...
Weihnachten	7	5	8	4	35	.	ch.	.	...	..	eih	ach
weil	7	7	8	4	37	.	...	.	...	..	ei	...
Weile	4	0	4	2	12	.	...	.	...	..	ei	...
weinen	12	5	8	7	43	.	...	.	...	..	ei	...
weiß (Adjektiv)	15	5	10	4	46	.	...	.	.ß.	..	ei	...
weiß (Verb)	4	0	7	4	18	.	...	.	.ß.	..	ei	...
weißt	1	0	4	1	8	.	...	.	.ß.	..	ei	...
wusste	2	0	2	4	13	.	...	.	.ss	..	..	uss
weit	6	8	10	4	39	.	...	.	...	..	ei	...
weiter	4	4	8	2	23	.	...	.	...	..	ei	...
weitergehen	4	1	2	2	13	.	...	.	...	eh	ei	...
welche	4	1	6	1	23	.	ch.	.	...	..	..	e..
Welt	7	4	7	6	37	.	...	.	...	..	..	e..
wem	4	1	6	1	19	.	...	.	...	e.	..	...
wenig	6	5	12	5	39	.	...	g	...	e.	..	ig!
wenn	7	8	14	2	43	.	...	.	...	..	..	enn
wer	8	8	7	2	36	.	...	.	...	e.	..	...
werden	8	13	14	7	54	.	...	.	...	e.	..	...
wider	0	0	0	1	5	.	...	.	...	i.	..	...

ca. 1000 häufige Wörter und häufigste Fehlerwörter	Schuljahre					Kennzeichnung						
	1	2	3	4	S	Konsonantenhäufung	Abweichung	Auslautverhärtung	s-Laut	Langvokal	Diphthong	Kurzvokal
widerstehen	0	0	0	1	4	3	st.	.	...	i,eh	..	...
wie	12	6	11	1	40	.	...	.	...	ie	..	...
wieder	8	8	14	4	49	.	...	.	...	ie	..	...
Wiese	12	4	6	4	37	.	...	.	.s.	ie	..	...
wie viel	4	4	6	1	19	.	v..	.	...	ie,ie	..	...
Wind	7	8	7	2	37	.	...	d	...	..	..	i..
Winter	7	7	11	2	36	.	...	.	...	..	..	i..
wir	15	4	10	2	43	.	...	.	...	i.	..	...
wird	2	7	8	2	27	.	...	d	...	..	..	i..
wirklich	6	0	4	6	27	3	ch.	.	...	..	..	i,ich
wissen	10	10	14	7	56	.	...	.	.ss	..	..	iss
wo	15	5	8	1	40	.	...	.	...	o.	..	...
Woche	5	12	7	5	42	.	ch.	.	...	..	..	och
wohl	6	6	8	4	33	.	...	.	...	oh	..	...
wohnen	7	8	11	4	40	.	...	.	...	oh	..	...
Wohnung	5	10	8	4	38	.	ng.	.	...	oh	..	ung
wollen	11	12	10	6	51	.	...	.	...	..	..	oll
will	6	7	8	4	31	.	...	.	...	..	..	ill
willst	1	1	2	1	10	3	...	.	.s.	..	..	ill
wollte	1	2	4	1	13	.	...	.	...	..	..	oll
wollten	0	1	1	1	4	.	...	.	...	..	..	oll
Wort	5	10	5	4	36	.	...	.	...	..	..	o..
wünschen	8	6	6	2	35	.	sch	.	...	..	..	ü..
Wurst	8	6	8	4	36	3	...	.	.s.	..	..	u..
Z z												
zählen	5	5	8	5	32	.	z..	.	...	äh	..	...
Zahl	4	7	7	1	32	.	z..	.	...	ah	..	...
Zahn	7	6	5	5	33	.	z..	.	...	ah	..	...
zehn	7	5	11	4	36	.	z..	.	...	eh	..	...
zeichnen	5	2	5	2	23	.	z,ch	.	...	..	ei	...
zeigen	8	8	11	6	45	.	z..	g	...	..	ei	...
Zeit	6	11	12	5	48	.	z..	.	...	..	ei	...
Zeitung	6	7	7	2	35	.	z,ng	.	...	..	ei	ung
Zettel	4	2	7	4	25	.	z..	.	...	..	..	ett
Zeugnis	0	1	5	2	18	.	z..	g	...	..	eu	is!
ziehen	7	8	12	7	46	.	z..	.	...	ieh	..	...

ca. 1000 häufige Wörter und häufigste Fehlerwörter	Schuljahre 1	2	3	4	S	Kennzeichnung: Konsonantenhäufung	Abweichung	Auslautverhärtung	s-Laut	Langvokal	Diphthong	Kurzvokal
ziemlich	2	1	0	2	15	.	z,ch	.	...	ie	..	ich
Zimmer	8	12	10	5	48	.	z..	.	...	..	..	imm
Zoo	4	2	5	4	18	.	z..	.	...	oo	..	...
zu	14	6	10	1	43	.	z..	.	...	u.	..	...
zuerst	6	4	7	4	33	3	z..	.	.s.	u,e	..	...
Zug	11	7	13	2	46	.	z..	g	...	u.	..	...
zuletzt	6	1	5	6	27	3	z,z	.	...	u.	..	etz
zum	6	6	6	1	29	.	z..	.	...	..	..	um!
zumachen	4	1	2	4	15	.	z,ch	.	...	u.	..	ach
zur	4	2	5	1	21	.	z..	.	...	u.	..	...
zurück	5	5	8	4	35	.	z..	.	...	u.	..	ück
zurückgeben	1	0	0	1	6	.	z..	b	...	u,e	..	ück
zurückkommen	2	1	2	2	10	.	z..	.	...	u.	..	ück, omm
zusammen	5	4	7	5	32	.	z..	.	.s.	u.	..	amm
zwar	4	1	2	4	18	3	z..	.	...	a.	..	...
zwei	10	11	8	2	40	3	z..	.	...	..	ei	...
zwischen	2	5	7	5	31	3	z,sch	.	...	..	..	isch
zwölf	4	4	5	4	24	3	z,f	.	...	..	..	ö..

Ordnungselemente in der deutschen Rechtschreibung

– Beschränkung auf die Grundschule –

Das rechtschriftliche Beherrschen von etwa 1000 Wörtern stellen viele Lehrkräfte für die meisten Grundschulkinder in Frage. Es soll nicht verhehlt werden, dass es der konsequenten Übung zum Erreichen des Zieles bedarf. Man sollte auch nicht übersehen, dass bei aller Anstrengung ein Teil der Kinder Rechtschreibprobleme behalten wird. Ich meine jedoch, dass mit sinnvollem Training die weitaus größte Zahl unserer Kinder bereits im Grundschulalter die erforderliche, notwendige rechtschriftliche Sicherheit gewinnen kann. Dabei kann man sich allerdings nicht ausschließlich auf die Speichermöglichkeiten der Kinder stützen. Wer über ein gutes visuelles Gedächtnis verfügt, bringt natürlich erhebliche Vorteile für das Lernen generell mit. Diese Kinder behalten die Wortstruktur bereits nach wenigen Schreibungen. Andere benötigen rechtschriftliche Hilfen um daraus die Schreibweise entwickeln zu können.

Immer wieder begegnet man der Meinung, die deutsche Rechtschreibung sei willkürlich, undurchsichtig und daher schwer erlernbar. Sicher gibt es historisch gewachsene Festlegungen, die für uns heute nicht mehr nachvollziehbar sind. Doch ist die Schreibweise keineswegs ungeordnet. Wir kennen z. B. Regeln, Regelungen und Ausnahmen, die auch für ein Grundschulkind durch den Umgang mit entsprechenden Wörtern erkennbar werden können.

Mit Beginn des Leselehrgangs lernt das Kind die normale Laut-Buchstabe-Beziehung kennen. Sie besagt, dass jeder Laut durch *einen* bestimmten Buchstaben repräsentiert wird. Es bedeutet eine Abweichung, wenn ein Laut als Buchstabenfolge (⟨sch⟩, ⟨ch⟩, ⟨ei⟩, ⟨au⟩, ⟨eu⟩, ⟨äu⟩, ⟨st⟩, ⟨sp⟩, ⟨ng⟩, ⟨nk⟩) geschrieben wird oder gar verschiedene Schreibweisen *eines* Lautes möglich sind (⟨f⟩ oder ⟨v⟩; ⟨chs⟩ oder ⟨x⟩ oder ⟨ks⟩).

Die Regel, dass es (mit Ausnahme des ß) jeden Buchstaben in Klein- und Großschreibung gibt, begleitet das Kind ebenfalls vom Beginn des Leseprozesses an. Auch mit einer weiteren Regel wird es schon früh im 1. Schuljahr vertraut gemacht: Am Ende eines Satzes steht ein Punkt (ein Ausrufezeichen, ein Fragezeichen). Das nächste Wort beginnt immer mit einem Großbuchstaben.

Alle übrigen Ordnungen, die an das Kind im Verlauf der Grundschulzeit herangetragen werden, sind keine Regeln. Unter einer Regel versteht man etwas, das *immer* zutreffend ist, auf das man sich also verlassen kann. Wenn die Schreibweise *meistens* so erfolgt, in mehr als 75 % aller Fälle, wird von einer Regelung gesprochen. Die Regelungen und ihre Ausnahmen, die während des 2. bis 4. Schuljahres angesprochen werden, beziehen sich auf die Vokallänge. Die Länge bzw. Kürze des Vokals entscheidet über die Anzahl der nachfolgenden Konsonanten. Es ist die Norm, die Regelung in der deutschen Rechtschreibung, dass nach den langgesprochenen Vokalen /a:/, /e:/, /o:/, /u:/ *ein* Konsonant folgt, z. B. Nase, Regen, Dose, Tomate, Hut.

Dieser Regelung entsprechen mehr als 75 % aller Wörter. Für den langgesprochenen Vokal /i:/ ist die „normale“ Schreibweise ⟨ie⟩, z. B. Wiese.
Es bedeutet eine Ausnahme von dieser Regelung, wenn zwischen ⟨a⟩, ⟨e⟩, ⟨o⟩, ⟨u⟩ und den nachfolgenden Konsonanten ein nicht hörbares ⟨h⟩ (fälschlich „Dehnungs-h“) geschoben wird, z. B. Sahne, nehmen, Sohn, Schuh. Ein ⟨h⟩ verlängert keinen Vokal; ein lautlicher Unterschied ist z. B. bei „Hahn – Kran“ nicht auszumachen.
Ebenso sind Wörter, die ein langgesprochenes /i:/ enthalten, aber nur mit ⟨i⟩, nicht mit ⟨ie⟩ geschrieben werden, Ausnahmen von der oben aufgezeigten Regelung.
Das Heraushören der Länge bzw. der Kürze der Vokale übe ich seit vielen Jahren mit einem weit dehnbaren Gummibändchen. Jedes Kind hat vom 1. Schuljahr an ständig eins in seinem Mäppchen. Das Dehnen des Gummis steht für die Länge des Vokals – er wird beim Sprechen tatsächlich langgezogen; das Loslassen (Flitschenlassen) steht für den kurzen, schnellen Vokal. Wenn wir die Länge/Kürze eines Vokals wissen wollen, ziehen wir das Gummiband so lange auseinander, wie wir das Wort sprechen.

Beispiel: Na----------se

Beim Sprechen wird also der Vokal so lange angehalten, wie es die Dehnungsfähigkeit des Gummis ermöglicht.
Anschließend probieren wir aus, ob das /a/ nicht vielleicht „schnell“, kurz ist. Ausgangspunkt ist das weit gedehnte Gummiband. Nun lässt jedes Kind seinen Gummi los (flitschen), muss dabei aber das Wort „Nase“ so schnell sagen, dass es mit dem Zusammenziehen des Gummis übereinstimmt. Bei richtiger Sprechweise ergibt sich das Wort „Nasse“. „Nase“ enthält also ein langgesprochenes /a:/; es wird daher mit *einem* ⟨s⟩ geschrieben.
Die meisten Kinder erfassen diesen Vorgang schnell. Denen, die dieses rhythmische Gefühl nicht mitbringen, hilft ein häufiges Vorsprechen der Mitschüler und das gemeinsame Dehnen- und Zusammenziehenlassen des Gummis. In jahrelangem Umgang mit rechtschreibschwachen Schülern konnte ich erfahren, dass dieses wiederholte Tun immer zur Unterscheidungsfähigkeit führte, während Versuche das Wort zu klatschen oder dabei zu gehen nur von solchen Kindern beherrscht wurden, die die Schreibweise bereits kannten.
Die Regelung für den kurzgesprochenen Vokal besagt, dass ihm mindestens zwei Konsonanten folgen, z. B. Wand, Mensch, Kind, oft, bunt. Ist nur ein Konsonant vorhanden, so wird dieser verdoppelt, z. B. Kanne, wenn, Ritter, Tonne, Mutter.
Wörter, bei denen dem kurzgesprochenen Vokal nur *ein* Konsonant folgt, sind Ausnahmen, z. B. hat, es, mit, ob, um.
Selbstverständlich wird niemand diese beschriebenen Regelungen in den ersten Schuljahren an das Kind in Form von Merksätzen herantragen. Sie gehören zum Grundwissen des Lehrers/der Lehrerin, aus dem sich methodische Konsequenzen für die Rechtschreibübungen ergeben. Die Anbahnung der Einsicht in solche Regelungen gewinnt das Kind durch Sammeln, Durchgliedern und Ordnen des Grundwortschatzes.
Die Ausnahmen von den Regelungen sind zahlenmäßig bei weitem nicht so hoch, wie man sich das im Allgemeinen vorstellt.

78 % der Wörter werden entsprechend der Regelung geschrieben:
Nach einem betonten, langen /a:/ steht ein Konsonant.
12 % werden mit ⟨ah⟩ geschrieben,
1 % schreibt man mit ⟨aa⟩.
Daneben gibt es einige Wörter, bei denen zwei Konsonanten folgen, z. B. Art. Sie bereiten aber keine Schwierigkeiten und brauchen als Ausnahmen nicht eigens geübt zu werden.

82 % der Wörter werden entsprechend der Regelung geschrieben:
Nach einem betonten, langen /e:/ steht ein Konsonant.
11 % werden mit ⟨eh⟩ geschrieben,
1 % schreibt man mit ⟨ee⟩.
Daneben gibt es einige Wörter, bei denen zwei oder drei Konsonanten folgen, z. B. werden, erst, Wert, Erde, Pferd. Sie bereiten hinsichtlich der *Länge des Vokals* keine Probleme.

88 % der Wörter werden entsprechend der Regelung geschrieben:
Nach einem betonten, langen /o:/ steht ein Konsonant.
12 % werden mit ⟨oh⟩ geschrieben.
Wenige Wörter schreibt man mit ⟨oo⟩.

97 % der Wörter werden entsprechend der Regelung geschrieben:
Nach einem betonten, langen /u:/ steht ein Konsonant.
3 % werden mit ⟨uh⟩ geschrieben.

Addiert man die Ausnahmewörter – bezogen auf die Länge der Vokale /a:/, /e:/, /o:/, /u:/ –, so erhält man, bei einem Grundwortschatz von ca. 1000 Wörtern, etwa 80 nicht der Regelung entsprechend geschriebene Wörter.

77 % der Wörter werden entsprechend der Regelung geschrieben:
Ein betontes, langgesprochenes /i:/ wird ⟨ie⟩ geschrieben.
10 % werden trotz langgesprochenem /i:/ nur mit ⟨i⟩ und einem nachfolgenden Konsonanten geschrieben, z. B. Tiger.
Nur die Wörter „ihn“, „ihm“, „ihr“ und die davon abgeleiteten Formen werden mit ⟨ih⟩ geschrieben.
Die Wörter „Vieh“, „ziehen“ und die davon abgeleiteten schreibt man mit ⟨ieh⟩.

	der Regelung entsprechend: 1 Konsonant	Ausnahme ⟨h⟩	Ausnahme doppelter Vokal	
/a:/	78 %	12 %	1 %	
/e:/	82 %	11 %	1 %	
/o:/	88 %	12 %	< 1 %	
/u:/	97 %	3 %	–	
	der Regelung entsprechend: ⟨ie⟩	Ausnahme nur ⟨i⟩	Ausnahme ⟨ih⟩	Ausnahme ⟨ieh⟩
/i:/	77 %	10 %	ihn-, ihm, ihr-	Vieh, zieh- und Ableitungen

Aufbau des Grundwortschatzes im 1. Schuljahr

Beim Elternabend zu Beginn des 1. Schuljahres erläutere ich den Eltern die Idee meiner Wörterkiste. Ich zeige ihnen eine ca. 6 cm hohe, rechteckige Zigarrenkiste, eine Verpackungsdose für Süßigkeiten aus Plastik, einen gekauften Karteikasten und eine selbst gebastelte Holzkiste. Einen Behälter dieser Art bitte ich den Kindern in den nächsten zwei Wochen mitzugeben. Ein Kinderschuhkarton eignet sich wegen seiner Breite weniger. Ich erläutere den Eltern, dass jedes Kind eine von mir zugeschnittene, in den jeweiligen Kasten passende Karte mit nach Hause bringt als Muster für weitere Wortkarten. Ferner verabrede ich, dass Wörter, die im Heft des Kindes eingerahmt stehen, in die Kiste gehören. Die Eltern, Geschwister usw. schreiben ein solches Wort in Druckbuchstaben auf eine zugeschnittene Karte aus festem Papier (Karton). Sie ist so breit und hoch, dass sie im Kasten stehen kann und dabei bis an den oberen Rand reicht.

Auf jede Karte wird nur *ein* Wort geschrieben; auf die Rückseite schreibt das Kind seinen Namen, damit sich eine verloren gegangene Karte zurückgeben lässt. Kinder, denen zu Hause niemand beim Schreiben der Wörter helfen kann, werden von hilfsbereiten Müttern oder mir mitversorgt. Im Laufe der Zeit schreiben viele Kinder ihre Karten selbst. Damit den Eltern keine Kosten für den Karton entstehen, hole ich gelegentlich kostenlose Abfallstücke aus einer Druckerei.

Im Verlauf des Leselehrgangs sammeln wir wichtige Wörter. Dies sind zunächst Wörter, in denen die erarbeiteten Buchstaben stecken, und solche, die ganzheitlich erfasst werden sollen. Bereits mit wenigen gesammelten Wörtern lassen sich Leseübungen durchführen:

– Man nennt ein Wort, die Kinder suchen es aus ihrer Kiste heraus.
– Zwei Kinder zeigen abwechselnd eine Karte und lesen.
– Die Kinder legen Wörter/Sätze nach Vorgabe des Lehrers/eines Kindes.
– Die Kinder drucken die Wörter.

Im Laufe des 1. Schuljahres werden immer mehr Wörter gesammelt, nicht nur aus dem Leselehrgang. Das Übungsmaterial vergrößert sich ständig, ebenso die Übungsmöglichkeiten. Da zu jedem neu gewonnenen Buchstaben Wörter in die Kiste gestellt werden, sind am Ende des 1. Schuljahres die meisten Buchstaben als Anlaute auf je einer Karte vorhanden. Nachdem wir das Alphabet gelernt haben, stellen wir gemeinsam Buchstabenreiter her. Danach ordnet jedes Kind seine Wörter alphabetisch hinter die Reiter. Eine Sortierung innerhalb eines jeden Buchstabens wird von einigen Kindern während der Grundschulzeit vorgenommen, ist aber nicht für alle Kinder vorgesehen.

Wörter für einen Grundwortschatz des 1. Schuljahres

Nomen	Verben	Adjektive	Sonstige
Apfel	bauen	blau	alle
Arm	essen	fein	an
Auge	fahren	gelb	auf
Auto	gehen	groß	aus
Ball	haben	grün	da
Baum	halten	gut	das
Bein	holen	klein	dem
Bett	kaufen	neu	den
Bild	kommen	rot	der
Brot	laufen	schön	die
Buch	machen	weiß	ein
Ei	malen	11	eine
Eis	sagen		er
Finger	sind		es
Haus	spielen		für
Hund	war		ich
Katze	weinen		im
Kind	17		in
Maus			ist
Mutter			mein
Nase			mit
Schule			nicht
Tisch			sie
Tür			so
Vater			und
Wasser			vor
Wiese			was
27			wie
			wir
			wo
			zu
			31

86 Wörter

Diese Wörter sind der Liste der ca. 1000 häufigen Wörter und häufigsten Fehlerwörter entnommen. Sie sind für das 1. Schuljahr als besonders wichtig ausgewiesen, da sie von diesen Kindern häufig gebraucht werden. Man könnte diese Aufstellung als Minimalplan betrachten. Die Liste lässt sich durch weitere Wörter aus dem Leselehrgang und aus anderen Unterrichtsbereichen ergänzen. Dabei könnte man solche Wörter hinzufügen, deren Anlaut fehlende oder weniger repräsentierte Buchstaben aufweist.

Einsichten in Regelungen wecken

1. Wortarten

Beim Lesenlernen erfährt das Kind, dass Wörter mit einem klein- bzw. großgeschriebenen Buchstaben beginnen. Dies wird im Allgemeinen vom Kind nicht hinterfragt. Wenn der Punkt als Zeichen des Satzendes eingeführt wird, lernt es die Großschreibung des nachfolgenden Wortes. Erst Ende des 1. oder zu Beginn des 2. Schuljahres werden Groß- und Kleinschreibung problematisiert. Dazu lasse ich die Wörter aus der Kiste in zwei Gruppen aufteilen: großgeschriebene und kleingeschriebene Wörter. Wir schauen uns die großgeschriebenen Wörter genau an; Kinder finden dazu unterschiedliche Aussagen:

- Das kann man alles sehen (zu diesem Zeitpunkt stimmt das noch, da sich im Kasten keine Abstrakta befinden).
- Das kann man anfassen.
- So heißen die Sachen.
- Das sind Namen dafür.

Wir gewinnen also die Regel für Großgeschriebenes durch Sortieren und anschließendes funktionales Abheben von den übrigen Wörtern. Eigentlich ist dies eine „technische“ Gewinnung der Wortart Substantiv (Nomen). Kinder, die über eine genügende Speicherung von Satzbaumustern verfügen, schreiben Nomen „instinktiv“ groß, wie Wolfhard Kluge[1] nachweisen konnte. Sie benötigen häufig nicht die oben angeführte Erarbeitung.

Zu einem späteren Zeitpunkt suchen wir alle Wörter heraus, die aussagen, was man tun/machen kann bzw. wie etwas aussieht. Wir gewinnen also durch Sortieren und Hinterfragen auch die Wortarten Tu-Wort und Wie-Wort. So dient das Sammeln der Wörter in der Kiste nicht nur dem rechtschriftlichen Sichern, sondern es ermöglicht auch, Sprache zu untersuchen.

2. Regelungen und Ausnahmen – langer Vokal

Der Ausbau der Wörtersammlung geschieht kontinuierlich bis zum Ende des 4. Schuljahres. Es werden wichtige Wörter aus allen unterrichtlichen Bereichen aufgenommen. Ich überprüfe sie mit Hilfe der angegebenen Wörterliste, ggf. dem Buch von Hesse/Wagner (5000 häufige Wörter) oder der Naumannschen Veröffentlichung (2000 häufige Wörter). Damit gewinne ich eine Orientierung über die Häufigkeit der Wörter und ihre rechtschriftlichen Besonderheiten. Sollte für die Klasse ein Wort wichtig werden, das nicht in der Liste steht, so findet es trotzdem Eingang in unsere Kiste. Dafür wird ein anderes Wort mit gleicher lautlicher Kennzeichnung nicht hineingestellt. Beispiel: Angenommen, das Wort „Rabe“ wäre im Unterricht wichtig geworden. Es enthält ein langes /a:/, dem regelgerecht

---

[1] Wolfhard Kluge, Kann man die Großschreibung auf intuitivem Wege lernen? Regionale Korrespondenz Zeitung, Oktober 1987

ein Konsonant folgt. Das Wort steht nicht unter den 1000 häufigen. Da der Grundwortschatz eine begrenzte Anzahl nicht übersteigen soll, nehme ich z. B. das Wort „Wagen", das dieselbe Kennzeichnung wie „Rabe" hat, nicht in die Wörtersammlung auf.

Bereits am Ende des 2. Schuljahres, wenn wir etwa 200 Wörter gesammelt haben, finden sich in der Kiste die meisten rechtschriftlichen Schwierigkeiten wieder, mit denen ein Grundschulkind umzugehen lernt. So enthält die Grundwortschatzkiste nicht nur einen Übungs-, sondern auch einen Modellwortschatz. Aus diesen Wörtern lassen sich durch Ordnen und Sortieren Regelungen und Ausnahmen erfahrbar machen.

Dies geschieht zunächst am Laut /i/. Ich lasse dazu meine Schüler/innen alle Wortkarten, in denen dieser Laut/Buchstabe enthalten ist, aus der Kiste herausnehmen. Sie sehen ohne weitere Aufforderung, dass sich innerhalb dieser Gruppe unterscheiden lässt in

⟨i⟩- / ⟨ie⟩- / ⟨ih⟩- / ⟨ieh⟩-Wörter.

Das größte Päckchen sind die ⟨ie⟩-Wörter. An zweiter Stelle stehen die ⟨i⟩-Wörter. Nur drei Wörter sind mit ⟨ih⟩ geschrieben (ihm, ihn, ihr), und nur die Wörter „ziehen" und „sieht" enthalten ⟨ieh⟩.

Wir überprüfen dann alle ⟨ie⟩-Wörter mit dem Gummiband auf die Länge/Kürze des betonten Vokals /i/ und stellen fest, dass alle Wörter langgesprochen werden. Das wissen wir auch aus dem Leselehrgang, denn dort wurde ⟨ie⟩ als „langes i" eingeführt.

In einer weiteren Stunde schauen wir uns die ⟨i⟩-Wörter genauer an. Einige davon werden kurzgesprochen, z. B. bin, sind, Kind. . ., andere lang, z. B. Tiger, wir, mir, dir. . . Das Herausholen und Überprüfen der gesammelten ⟨i⟩-Wörter lässt die Kinder vor allem feststellen:

- Es gibt das langgesprochene, betonte /i:/ als ⟨ie⟩ geschrieben. Das ist die normgerechte Schreibweise (77 %, s. Tabelle S. 94).
- Es ist eine Ausnahme, wenn das langgesprochene, betonte /i:/ nur mit ⟨i⟩ geschrieben wird (12 %, s. Tabelle S. 94).

Ich halte meine Schüler dazu an, Wörter, in denen sie ein langes /i:/ hören, mit ⟨ie⟩ zu schreiben. Sie treffen damit im Allgemeinen die richtige Schreibweise. Nur wenn sie genau wissen, dass dieses Wort, entgegen der Regelung, nur mit ⟨i⟩ geschrieben wird, sollen sie so verfahren.

Diese Ausnahmen sortieren wir in einen neuen Kasten, den „Ausnahmekasten". Wir fertigen einen neuen Buchstabenreiter „nur i" an. Die ⟨ih⟩-Wörter kommen hinter einen entsprechenden Reiter ebenso in den neuen Kasten. Es folgt der Reiter „ieh" mit den beiden Wörtern „ziehen" und „sieht". Von nun an führt jedes Kind zwei Kästen: einen alphabetisch geordneten und einen Ausnahmekasten, in dem die Abweichungen von den Regelungen gesammelt werden.

Wenn das Kind die „normale", normgerechte, bereits im Leselehrgang vermittelte Schreibweise kennt, braucht es diese nicht ständig zu üben. Trainieren muss es die Ausnahmen, d. h. bezogen auf den langen Vokal /i:/ müssen die Ausnahmewörter „nur i" häufig geschrieben werden, z. B. durch Partnerübungen. Während im Allgemeinen Rechtschreiben handlungsorientiert und damit eingebettet in den Sprachunterricht ablaufen soll, lassen sich die Ausnahmewörter sinnvoll zumeist nur über die Wörterliste einprägen. Dabei sollte es die Lehrkraft vermeiden, Wörter mit langgesprochenem /i:/ in den verschiedenen Schreibweisen (⟨ie⟩, ⟨i⟩, ⟨ih⟩, ⟨ieh⟩) nebeneinander zu üben (Ranschburgsche Hemmung). Kinder, die einen entsprechenden Lückentext ausfüllen sollen, sind völlig überfordert; ihre Ergebnisse sind häufig geraten und fallen bei Wiederholung derselben Aufgabe unterschiedlich aus.

Im 3. Schuljahr beschäftigen wir uns mit den langgesprochenen Vokalen /a:/, /e:/, /o:/, /u:/. Wir sortieren alle Wortkarten heraus, die ein ⟨a⟩ enthalten. Wir trennen dann in ⟨a⟩-Wörter, ⟨ah⟩-Wörter, ⟨aa⟩-Wörter. Mit Hilfe des Gummibandes stellen wir fest, dass alle ⟨ah⟩-Wörter und ⟨aa⟩-Wörter langgesprochen werden. Beim Überprüfen der ⟨a⟩-Wörter gewinnen wir zwei Gruppen:

⟨a⟩-Wörter, die schnell gesprochen werden, z. B. Wand, kalt;

⟨a⟩-Wörter, die langgesprochen werden, z. B. Hase, haben.

Aus diesen Übungen folgern wir: Es gibt das langgesprochene /a:/ in drei Schreibweisen:

- Man schreibt nur ⟨a⟩. Es geschieht nichts Besonderes. Diese Schreibung ist normal, regelgerecht.
- Man schreibt ⟨ah⟩. Dies ist die Ausnahme.
- Man schreibt ⟨aa⟩. Das gibt es nur bei sehr wenigen Wörtern.

An der Höhe der Päckchen erkennen wir deutlich, dass bei langgesprochenem /a:/ die Schreibweise ⟨ah⟩ gegenüber ⟨a⟩ zahlenmäßig seltener vorkommt (12 % gegenüber 78 %).

Da die Wörter mit langgesprochenem /a:/ überwiegend der Regelung entsprechend geschrieben werden, müssen wir diese in Bezug auf die Länge des Vokals nicht weiter üben. Um so mehr die ⟨ah⟩-Wörter. Dem Kind müssen diese als Ausnahmen gedächtnismäßig verfügbar gemacht werden. Es muss seine Ausnahmewörter *genau* kennen. Nur wenn es tatsächlich weiß, dass ein Wort mit ⟨ah⟩ geschrieben wird, soll es dieses mit dem Dehnungszeichen schreiben. Ist es unsicher, dann sollte es das Wort regelgerecht wiedergeben. Die Chance die richtige Schreibweise getroffen zu haben liegt bei über 75 %!

Wir fertigen jeweils einen Buchstabenreiter „ah“ und „aa“ an und stellen alle betreffenden Wörter dahinter in den Ausnahmekasten.

Nach dem gleichen Verfahren gewinnen wir die ⟨eh⟩/⟨ee⟩-Wörter, die ⟨oh⟩/⟨oo⟩-Wörter und die ⟨uh⟩-Wörter. Also, die Wörter mit dem in Frage kommenden Vokal **heraussuchen, sortieren, überprüfen**, die **Ausnahmen erkennen**, Reiter anfertigen, Karten in den Ausnahmekasten stellen. Dieser wird allmählich zum ständigen Übungskasten. Da wir uns in Bezug auf die Länge/Kürze des Vokals nur die Ausnahmewörter einprägen, beschäftigen wir uns mit einer überschaubaren Anzahl, die sich auch tatsächlich vom Kind bewältigen lässt.

Dies steht im Gegensatz zur bisher weit verbreiteten Unterrichtspraxis. Wir haben stets *alle* Schreibweisen des langen Vokals nebeneinander geübt. Sprachbücher bieten solche Übungen auf *einer* Text- oder Doppelseite an. Besonders intensiv werden dabei die Wörter mit ⟨h⟩ nach langgesprochenem Vokal trainiert. Das nachfolgende Diktat am Ende der Rechtschreibeinheit führt häufig genug bei Kindern und Lehrern zur verzweifelten Aussage: „Was soll ich denn noch tun? Ich habe doch so viel geübt.“ Das ist sicher richtig. Aber es wurde falsch geübt. Das Nebeneinander aller Schreibweisen hat die Kinder verunsichert. Au-

ßerdem hat unser Training im Kind den Eindruck erweckt, als ob ganz viele Wörter das Längezeichen ⟨h⟩ enthalten. Im Bewusstsein der Kinder wurden die Ausnahmen zur Regel gemacht, was dazu geführt hat, dass Kinder im 4. Schuljahr das Wort „Schule“ als „Schuhle“ wiedergegeben haben. Dabei schrieben sie dieses Wort bereits im 1. Schuljahr fehlerfrei.
Auf Grund der Tatsache, dass im Rahmen eines Grundwortschatzes eine verhältnismäßig geringe Anzahl von Wörtern nicht normgerecht geschrieben wird, habe ich meine Rechtschreibübungen umgekehrt angelegt. Über einen systematischen Leseprozess versuche ich, die normale Laut-Buchstabe-Beziehung und ihre Abweichungen zu vermitteln. Dabei sammeln wir wichtige Wörter, aus denen wir die Regelungen entwickeln können. Danach üben wir nur die Ausnahmen.

Lange Vokale (ohne /i:/) mit Längezeichen ⟨h⟩

⟨ah⟩/⟨äh⟩	⟨eh⟩	⟨oh⟩/⟨öh⟩	⟨uh⟩/⟨üh⟩
ähnlich	befehlen	belohnen	blühen
Ähre**	drehen	Belohnung	früh
Ahnung*	ehe*	Bohne*	früher*
Bahn	Ehe*	flohen	Frühling
beinahe	Ehre**	fröhlich	Frühstück
bezahlen	ehrlich	froh	fühlen*
Draht*	fehlen	gewöhnen*	führen*
erzählen	Fehler	gewöhnlich**	Gefühl*
fahren	gehen	Höhle*	glühen**
fuhr	geschehen	hohe*	Huhn
Fahrer	geschah	hohl**	Kühlschrank*
Fahrrad	Lehrer/in	Kohl**	Kuh
gefährlich	Mehl	Kohle	Mühe*
Gefahr*	mehr	obwohl	Mühle*
Hahn*	nehmen	ohne	rühren*
Jahr	nahm	Ohr	Ruhe
lahm*	Reh*	roh**	ruhig
Nähe	sehen	Sohn	Schuh
nähen	sah	Stroh*	Stuhl
nah	sehr	wohl	Uhr
Stahl**	stehen	wohnen	
ungefähr*	stehlen	Wohnung	
während	gestohlen		
Wahl*	Verkehr		
wahr	Zeh(e)*		
wahrscheinlich	zehn		
zäh**			
zählen			
Zahl			
Zahn			

Vokalverdoppelung

⟨aa⟩	⟨ee⟩		⟨oo⟩
(Aal)	Allee**	leer	Boot
(Aas)	Armee**	Meer	doof*
Haar	Beere*	Schnee	Moor**
paar*	Beet*	See	Moos*
Paar	Fee**	Tee	Zoo
Saal**	Heer**		
Saat**	Idee		
Staat*	Kaffee		
Waage*	Klee*		

Langer Vokal /i/ (ohne ⟨ie⟩)

nur ⟨i⟩		⟨ih⟩	⟨ieh⟩
Apfelsine*	Ski*	ihm	(befiehlt)
dir	Tiger*	ihn	fliehen*
erwidern	wider	ihr(e)	(geliehen)
Fabrik	wir		geschieht
Familie			sieht
gibt			(stiehlt)
Igel*			Vieh
Kaninchen*			(wiehern)
Kilo*			ziehen
Kino*			
Krokodil*			
lila*			
Lineal*			
Linie*			
Liter			
Lokomotive**			
Margarine*			
Maschine*			
Mathematik*			
mir			
Musik			
prima*			

Die Wörter mit * zählen nicht zu den ca. 1000 häufigsten, stehen aber in der Naumannschen Liste bzw. in „Der Grundwortschatz der Primarstufe“ unter den 2000 wichtigsten Wörtern. Die Wörter mit ** können in einen erweiterten Wortschatz aufgenommen werden. Sie sind unter den 5000 häufigsten Wörtern zu finden. Wörter in Klammern gehen über diesen Rahmen hinaus.

3. Regelungen und Ausnahmen – kurzer Vokal

Die Wortkarten in unserer alphabetisch geordneten Kiste sind auch Ausgangspunkt um die Schreibweisen nach kurzgesprochenen Vokalen zu betrachten. Wir sortieren alle noch verbliebenen ⟨i⟩-Wörter heraus. Da sich langgesprochene ⟨i⟩- und ⟨ih⟩-Wörter im Ausnahmekasten befinden, sind dies nur noch Wörter mit kurzem /i/. Bei genauerer Betrachtung finden wir, dass meistens hinter dem kurzen /i/ zwei Mitlaute stehen, z. B. Kind, Bild. Diese Wörter werden normgerecht geschrieben. Sie zeigen hinsichtlich der Kürze des Vokals keine Besonderheiten und bedürfen daher keiner intensiven Übung.

Bei einigen Wörtern fällt die Dopplung des Konsonanten auf: bitte, wetten, Ritter... Kinder merken sehr schnell, dass mit der Dopplung kein neuer Aspekt ins Spiel gebracht, sondern dass durch sie die bekannte Regelung erfüllt wird. Wörter mit doppeltem Konsonanten werden also nicht besonders geübt. Trainiert werden muss das Heraushören des kurzen Vokals.

Es bleibt eine dritte Gruppe von Wörtern übrig, z. B. bin, bis, hin, im, in, mit... Alle werden kurzgesprochen, der nachfolgende Konsonant aber nicht verdoppelt. Sie sind Ausnahmen von der Regelung. Da sie dem Kind jedoch schon früh im Leseprozess begegnet sind und einen hohen Bekanntheitsgrad haben, treten Falschschreibungen selten auf. („in" und „ihn" werden falsch geschrieben, weil das Kind die Länge/Kürze des /i/ nicht hört.)

Der Umgang mit den gesammelten Wörtern, in denen die kurzgesprochenen Vokale /a/, /e/, /o/, /u/ enthalten sind, vollzieht sich adäquat. Alle Ausnahmewörter werden hinter einen entsprechenden Buchstabenreiter in den Ausnahmekasten eingeordnet.

Die Buchstabenfolgen ⟨ck⟩ und ⟨tz⟩ sind lediglich besondere Schreibungen für die Verdopplung der Buchstaben ⟨k⟩ und ⟨z⟩. Wenn das Kind den kurzen Vokal hört, bedeutet die Art dieser Verdopplung keine außergewöhnliche Hürde. Um auf diese Sonderformen hinzuweisen sortieren wir alle ⟨ck⟩- und ⟨tz⟩-Wörter hinter die entsprechenden Buchstabenreiter eine Zeit lang in den Ausnahmekasten, obwohl sie keine echten Ausnahmen darstellen. Auf diese Weise werden sie jedoch eine Weile mit in die besondere Übung genommen; danach allerdings sortieren wir sie zurück in die Wörterkiste.

Die drei gebräuchlichsten Fremdwörter „Pizza", „Puzzle" und „Skizze" finden ihren Platz im Ausnahmekasten.

4. Regelungen und Ausnahmen im Konsonantenbereich

Als weitere Ausnahmen stellen wir in unseren Ausnahmekasten alle ⟨v⟩-Wörter (ohne die Vorsilben „ver-" und „vor-"). Das Schriftzeichen ⟨v⟩ ist lautgleich mit ⟨f⟩. Beide sind Schreibweisen *eines* Lautes. Einen *hörbaren* Unterschied gibt es nicht. Beim Sortieren der ⟨f⟩- und ⟨v⟩-Wörter wird den Kindern handelnd anschaulich, dass ⟨f⟩ viel häufiger geschrieben wird als ⟨v⟩. Mit ⟨v⟩ geschriebene Wörter sind Ausnahmen, die hinter den entsprechenden Buchstabenreiter in den Ausnahmekasten gehören. Sie werden als Wortliste geübt, bis sie im Gedächtnis der Kinder fest verankert sind.

Die Vorsilben „ver-“ und „vor-“ werden gesondert herausgearbeitet. Dabei führe ich die Wörter „fertig“, „fern“ und „fort“ als Gegenbeispiele an. Im Ausnahmekasten genügen zu jeder Vorsilbe nur wenige Beispiele. Ebenso halte ich es mit der Vorsilbe „ent-“. Als Gegenstücke besprechen wir „endlich“, „endlos“, „endgültig“, die hinter den entsprechenden Buchstabenreiter gestellt und mit ins Training aufgenommen werden. Da alle anderen entsprechenden Wörter durch die Vorsilbe „ent-“ gebildet werden, sie also die Norm sind, bedürfen sie nicht des Trainings. Ich übe also wiederum nur die wenigen Ausnahmen, die in diesem Fall von „Ende“ ableitbar sind.

Wir erweitern unsere Sammlung von Ausnahmen mit ⟨x⟩- und ⟨chs⟩-Wörtern. Diese Buchstaben werden /ks/ gesprochen. Die Schreibweise dieser Wörter lässt sich durch keinerlei Rechtschreibhilfen, wie Ableiten oder Verlängern, herausfinden. Die unterschiedlichen Schreibungen sind dem Kind nicht begründbar. Da es sie auswendig lernen muss, werden diese Wörter der regelmäßigen Übung im Ausnahmekasten zugeführt.

Ausnahmen im Konsonantenbereich

⟨v⟩	⟨x⟩	⟨chs⟩	⟨f⟩	⟨zz⟩
bevor*	Axt**	Dachs**	Ferkel**	Pizza
brav*	boxen	erwachsen**	fern*	Puzzle
Vater	extra*	Erwachsene**	fertig	Skizze
ver-	Hexe	Fuchs	fort	
Vetter*		nächste		
Vieh		sechs		
viel		wachsen		
vielleicht		wechseln		
vier				
Vogel				
Volk*				
voll				
vom				
von				
vor				
vor-				
vorn(e)				

⟨v⟩ statt ⟨w⟩	
evangelisch*	Sklave*
Klavier*	Vase*
Lokomotive*	(Video)
November*	(Vokal)
privat*	

Nur wenige dieser Wörter werden evtl. für das Grundschulkind wichtig. Der Einfachheit halber ordne ich sie mit den übrigen ⟨v⟩-Wörtern in den Ausnahmekasten ein.

5. Schreibweisen des s-Lautes

Neben den Folgerungen aus der Länge/Kürze der Vokale sind die verschiedenen Schreibweisen des s-Lautes ein Fehlerschwerpunkt:

- hörbares /s/ (Nase). Manchmal wird es erst durch Verlängern hörbar (Gras – Gräser).
- Dopplung des ⟨s⟩ nach kurzem Vokal (Klasse).
- ⟨ß⟩ nach langem Vokal (Fuß – Füße).
- ⟨ß⟩ nach einem Diphthong (beißen).

Die Wörter mit hörbarem /s/ werden, bezogen auf den s-Laut, geschrieben wie gesprochen. Sie sind daher unproblematisch.

Die Verdopplung des s-Lautes nach einem kurzen Vokal ist normal; sie entspricht der Regelung.

Die Schreibung ⟨ß⟩ nach einem langen Vokal ist nicht mehr so schwer für das Kind, wenn es ein wenig Durchblick gewinnt. Allerdings ist Voraussetzung, dass es die Länge des Vokals hört. Dann kann es folgerichtig keine Verdopplung schreiben. Ein ⟨s⟩ kommt nur in Frage, wenn es als solches hörbar ist. Es bleibt demnach für die Schreibung nur ⟨ß⟩ übrig (Fuß – Füße).

Da ein Diphthong niemals kurzgesprochen werden kann, folgt auch keine Verdopplung des s-Lautes. Dieses Wissen ist für das Kind wichtig. Es kann in keinen Entscheidungskonflikt geraten, wenn es weiß, dass hinter ⟨ei⟩, ⟨au⟩, ⟨eu⟩, ⟨äu⟩ kein doppeltes ⟨s⟩ stehen kann (es erfolgt auch keine Verdopplung anderer Konsonanten). Wenn es sich nicht um einen hörbaren s-Laut handelt, so kann nur ⟨ß⟩ geschrieben werden (heißen, draußen).

Betrachtet man die verschiedenen Schreibweisen des s-Lautes, so kann man ihnen eine Regelhaftigkeit nicht absprechen.

Zusammenfassung

Seit einigen Jahren versuche ich meinen Schülern ein wenig Einblick in die Ordnung der Rechtschreibung zu vermitteln. Dabei habe ich auf Grund der Ergebnisse die Überzeugung gewonnen, dass dies bei Grundschulkindern möglich ist. Gewiss lesen sich die Ausführungen zu den verschiedenen Buchstaben theoretisch. Doch sollte man bedenken, dass sich diese an Lehrer, nicht an Kinder richten. Die Schüler gewinnen diesen Einblick handelnd, prüfend, erkennend und übend. Dabei stütze ich mich auf ihre vorhandenen intellektuellen Fähigkeiten durch Sehen und Hinterfragen Einblick gewinnen zu können. Ich glaube, durch Anwendung der Übungsgesetze auf eine reduzierte Anzahl von Wörtern (überwiegend Ausnahmen) zur Sicherheit im Umgang mit Rechtschreibschwierigkeiten zu führen.

Ich möchte noch einmal wiederholen: Für mich ist der Ausgangspunkt mit Kindern vertretbare Rechtschreibleistungen zu erreichen ein möglichst auf die Lernvoraussetzungen eingehender Leselehrgang. Dieser spricht bereits Rechtschreibhilfen an: verlängern, ableiten, lange und kurze Vokale identifizieren. Dies wiederum ist Voraussetzung, damit ein Kind rechtschriftliche Konsequenzen ziehen kann. Der gleichzeitige Aufbau einer Wörtersammlung ermöglicht dann nach und nach, in kleinen Schritten, die Gewinnung von Regeln, Regelungen und Ausnahmen. Je mehr das Normale

vom Kind beherrscht wird, um so weniger wird es durch die Ausnahmen verunsichert. Diese zu trainieren halte ich für wesentlich. Da Ausnahmen zahlenmäßig der normgerechten Schreibweise weit unterlegen sind, reduziert sich das Übungsmaß im Verhältnis ständig, während die Wörtersammlung anwächst.
In diesem neuen didaktischen Ansatz sehe ich die Chance Kindern durch Erfolgserlebnisse zu besseren Leistungen im so problematischen Bereich Rechtschreiben zu verhelfen, ohne dabei die vielen Schwierigkeiten verharmlosen zu wollen.

Übungen mit der Wörterkiste im 1./2. Schuljahr

Der Umgang mit den Wörtern des Grundwortschatzes sollte regelmäßiger Bestandteil des Unterrichtes sein. Es ist notwendig, dabei die Übungsgesetze zu beachten.[1]

Die nachstehend aufgeführten Übungsmöglichkeiten können nur eine Auswahl darstellen. Je länger Kinder und Lehrkraft Erfahrungen mit der Wörterkiste gewinnen, um so eher werden beide immer neue Spielvarianten entdecken. Jeder muss dabei selbst entscheiden, in welcher Sozialform ihm der Umgang mit den Wörtern den größtmöglichen Gewinn bringt.

- Ein Spieler zeigt seinem Partner eine Karte. Dieser liest sie, schreibt das Wort evtl. auf und wird bestätigt oder korrigiert.
- Ein Spieler zieht eine Karte. „Mein Wort fängt mit . . . an.“ Ist das Rätsel gelöst, liest der Rater das Wort und überprüft so die Richtigkeit.
- Ein Spieler zieht eine Karte. „Mein Wort fängt mit . . . an, der zweite Buchstabe heißt . . .“. Der Partner rät, schreibt das Wort evtl. auf und vergleicht mit der Karte.
- Ein Spieler zieht eine Karte. „Mein Wort hört mit . . . auf.“
- Ein Wort wird mit Buchstaben nachgelegt.
- Ein Spieler nimmt eine Karte mit großgeschriebenem Anfangsbuchstaben. Er stellt den Begriff zeichnerisch dar. Der Partner rät und schreibt das Wort auf. Beide vergleichen die Wörter miteinander.
- Ein Spieler zieht ein Wort und zeigt es dem Partner. Dieser schreibt einen Satz damit auf und lässt den Spieler lesen. Soweit möglich, werden die Wörter des Satzes gemeinsam mit Hilfe der Wörterkiste verglichen.
- Ein Kind zieht eine Karte und nennt das Wort. Der Partner, die Gruppe/Klasse sucht das Wort aus der eigenen Kiste heraus.
- Ein Kind sucht großgeschriebene Wörter aus der Kiste heraus, schreibt sie mit Artikel auf, evtl. auch die Pluralform.
  Variante: Deutsches und ausländisches Kind arbeiten gemeinsam.
- Ein Kind lautiert dem Partner ein Wort aus der Kiste. Dieser sucht die Karte aus *seiner* Kiste, beide vergleichen.
- Ein Kind liest dem Partner ein Wort aus der Kiste vor, dieser lautiert es.
- Zu einem großgeschriebenen Wort ist ein inhaltlich passendes kleingeschriebenes aus der Kiste zu finden, z. B. Hut – grün. Es kann auch ein Satz dazu geschrieben werden, etwa: Der Hut ist grün.
- Zu einem Nomen wird ein passendes Verb herausgesucht.
- Zu einem Nomen wird ein passendes Adjektiv herausgesucht.
- Ein Kind zieht ein Verb heraus und stellt seine Bedeutung pantomimisch dar. Der Partner schreibt das

---

[1] vgl. Karl Odenbach, Die Übung im Unterricht, Westermann, Braunschweig 1963, S. 56f. und Frederic Vester, Denken, Lernen, Vergessen, Deutscher Taschenbuchverlag, München 1978

Wort auf, beide vergleichen die Wörter.
- Ein Kind zieht ein Verb. Es malt dazu ein passendes Nomen. Der Partner rät das Verb.
- Aus Wortkarten werden Sätze gebildet. Es sollten Leerkarten dazugelegt werden, damit evtl. flektierte Formen, die nicht in der Kiste sind, aufgeschrieben werden können.
- Unsinnsätze bilden (Leerkarten beilegen).
- Wortfeldübungen, z. B. „Suche alle Wörter heraus, die etwas mit ‚laufen' zu tun haben."
- Wörter zu einem Oberbegriff heraussuchen:
  * Das gehört zum Essen.
  * Damit kann man spielen.
  * Das finde ich in der Schule.
- Die Kinder suchen Wörter nach Vorgaben. „Ich denke mir etwas: Es kann laufen, schlafen, fressen. . ."
- Ein Wort wird herausgesucht, aufgeschrieben und ein Reimwort dazu gefunden.
- Ein Wort wird mit dem Gummiband auf Länge und Kürze des Vokals überprüft.
- Würfelspiele für zwei bis drei Spieler.[2] Jeder Spieler darf jeweils die gewürfelte Augenzahl vorrücken. Zum erwürfelten Bild sucht er die passende Wortkarte in seiner Wörterkiste und liest das Wort. Kann er es nicht lesen, so darf der Partner das Wort heraussuchen. Der erste Spieler muss dann einmal aussetzen. Variante: „Wenn du ein /e/ (oder einen anderen vorgegebenen Laut) im Wort hörst, darfst du noch ein-

[2] Marga Vonhoegen / Hildegard Weiden in: Praxis Grundschule, Sonderband Vereinfachte Ausgangsschrift, Westermann Schulbuchverlag, Braunschweig 1988, S. 28. Diese und nachfolgende Abbildungen befinden sich dort als Kopiervorlagen.

mal würfeln." Die Bilder müssen dem Klassengrundwortschatz entsprechen.

- Ein Spieler zeigt und nennt einen bzw. zwei Könige (S. 47). „Wer findet ein Wort in seiner Kiste, in dem dieser König zu finden ist (diese Könige zu finden sind)?"
- Ein Spieler zieht ein Wort. „Mein Wort fängt mit ‚m' an, es hört mit ‚t' auf. In der Mitte steht der König ‚a'." (malt)
- Buchstabenwürfel.[3] Er wird auf dünnen Karton kopiert, zusammengeklebt und mit Folie überzogen. Die Flächen werden mit wasserlöslichem Stift mit verschiedenen Buchstaben beschriftet. Die Kinder suchen Wörter aus ihrer Wörterkiste, die mit dem gewürfelten Buchstaben beginnen.
- Lesestreifen[4] (vgl. S. 109). Sie werden auf dünnen Karton kopiert und durch den eingeschlitzten Träger gezogen. Die Kinder verschieben die Streifen. Sie suchen zum ersten oder zu den beiden ersten Buchstaben Wörter aus ihrer Kiste heraus.

- Lese-Drehscheibe.[5] Herstellungstechnik vgl. S. 54. Mit wasserlöslichem Stift werden Wortstücke in die Felder geschrieben. Neben die Lese-Drehscheibe legt/schreibt man das für alle Wörter fehlende Wortstück. Ein Kind dreht die Scheibe und liest das Wort. Die anderen Kinder suchen es aus ihrer Wörterkiste heraus.

---

[3] a. a. O. Seite 33
[4] a. a. O. Seite 34
[5] a. a. O. Seite 36

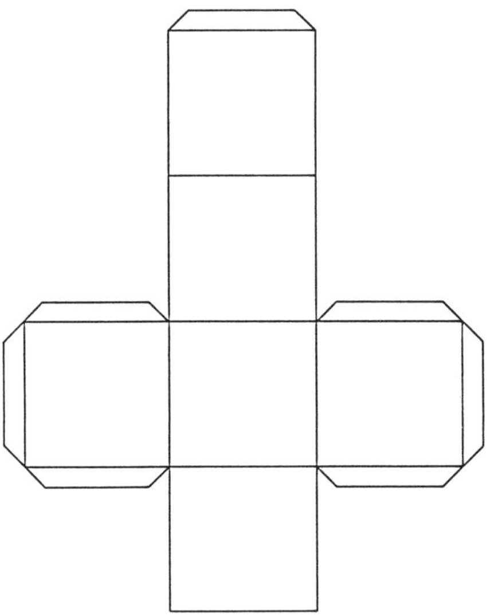

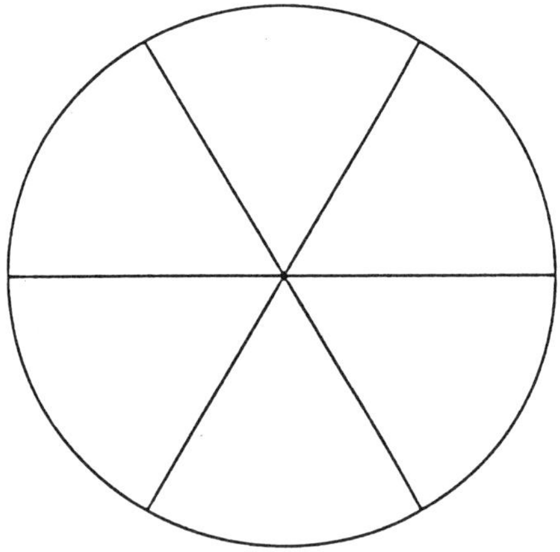

Beispiel

h	a
k	e
l	i
m	o
s	u

Streifen zum Selbstbeschriften

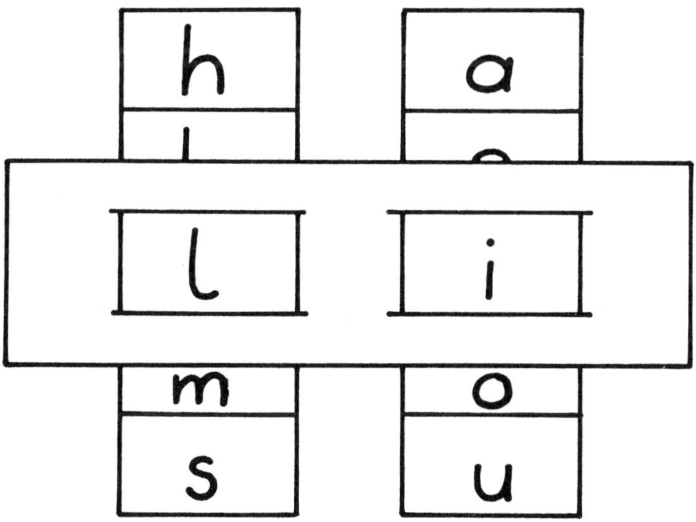

– Bingo.[6] Jedes Kind bekommt einen Spielplan (siehe oben) und schreibt neun Wörter (Nomen, Verben oder Adjektive) aus seiner Wörterkiste in die Felder. Der Spielleiter nennt Wörter der vorgegebenen Wortart. Steht das Wort im Spielplan, darf es gestrichen werden. Wer zuerst eine Reihe (senkrecht oder waagerecht) gestrichen hat, ruft „Bingo!“; er ist Sieger.

– Leselotto. Der Bingo-Spielplan lässt sich auch für ein Leselotto nutzen. Der Spielleiter schreibt für jedes Kind der Spielgruppe in jedes Feld ein Wort aus der Wörterkiste (keine Wiederholungen). Die gleichen Wörter werden auf Einzelkärtchen in Feldgröße übertragen. Der Spielleiter mischt die Wortkarten und liest die Wörter nacheinander vor. Das Kind, das das Wort auf seinem Plan stehen hat, erhält die Karte und legt sie auf das richtige Feld. Sieger ist, wer zuerst seinen Spielplan mit Einzelkarten belegt hat.

– Verben-Puzzle.[7] Die Vorlage (siehe S. 111 oben) wird auf dünnen Karton kopiert. Die Kärtchen werden ausgeschnitten und an den Linien auseinander geschnitten. Die Kinder setzen die Verben zusammen und suchen die entsprechende Wortkarte aus ihrer Wörterkiste heraus.

– Adjektiv-Puzzle.[8] Der Harlekin und die Schriftvorlage werden auf Karton gegeneinander geklebt. Die Kinder malen den Harlekin aus. Dann wird er mit Folie beklebt und entsprechend dem Raster auf der Rückseite auseinander geschnitten. Die Vorlage mit den sechs Zeichnungen wird auf Pappe geklebt, ausgemalt und mit Folie bezogen. Die Kinder ordnen die Adjektive den Zeichnungen zu und legen die Kärtchen mit der Schrift nach unten auf das Spielfeld. Zur Kontrolle entsteht der Harlekin.

[6] a. a. O. Seite 37
[7] a. a. O. Seite 38
[8] a. a. O. Seite 39–41

bauen	essen	lachen
kaufen	malen	laufen
fahren	lesen	weinen
sehen	suchen	schreiben

weiß	rot
blau	grün
gelb	braun

– Torspiel.[9] Das Tor wird auf Pappe geklebt. Die Bälle werden auf Pappe kopiert und ausgeschnitten. Alle Bälle mit „t“ dürfen ins Tor. Die Kinder überprüfen mit den Wörtern aus der Wörterkiste.

[9] a. a. O. Seite 46

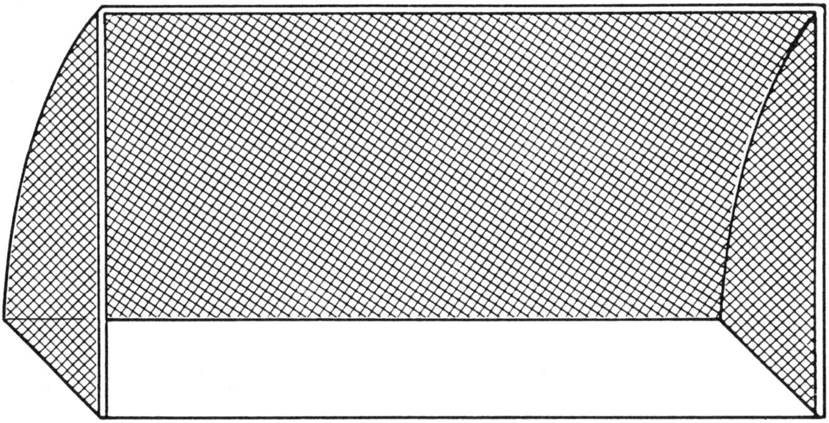

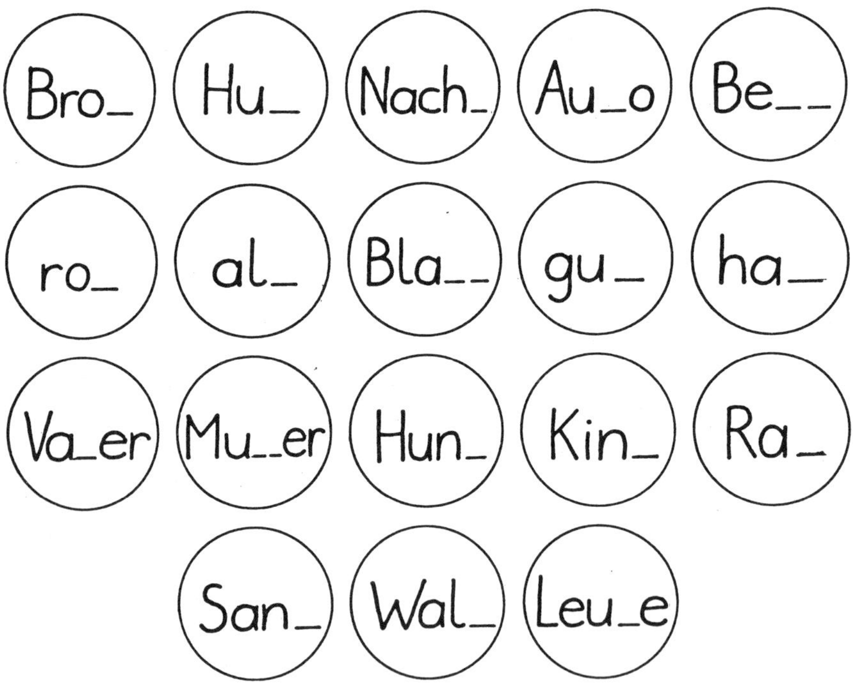

Übungen mit Wörterkiste und Ausnahmekasten im 3./4. Schuljahr

Eine Reihe von Übungsmöglichkeiten des 1./2. Schuljahres lässt sich bis ins 4. Schuljahr weiterführen: Bingo, Sätze bilden . . . Es ist auch möglich, Kindern einmal völlige Freiheit im Umgang mit den Wörtern zu lassen. Sie entwickeln dabei eigene Ideen.
Als Anregungen möchte ich anbieten:

- Die Kinder suchen Wörter heraus, mit denen man fragen kann / mit denen man etwas beschreiben kann.
- Ein Kind zieht ein Wort aus der Kiste und liest es dem Partner vor. Dieser sagt, ob es groß- oder kleingeschrieben wird.
- Ein Kind zieht ein Wort und liest es vor, der Partner benennt die Wortart.
- Ein Kind nennt ein Wort, in dem ein langer Vokal steckt. Der Partner gibt an, ob dieses Wort im Ausnahmekasten steht.
- Ein Kind zeigt dem Partner ein Nomen. Dieser sucht ein passendes Adjektiv aus der Kiste /dem Ausnahmekasten.
- Ein Kind nennt ein Wort mit dem Laut /f/. Der Partner sucht eine entsprechende Wortkarte. Er muss dabei wissen, ob das Wort mit ⟨f⟩ oder ⟨v⟩ geschrieben wird.
- Die Kinder nehmen ein Wort (Nomen, Verb oder Adjektiv) aus der Kiste heraus. Alle Wörter, die im Zusammenhang damit stehen, werden aufgeschrieben. Die Schreibweise wird mit Hilfe eines Wörterbuches überprüft.
- Die Kinder stellen Wortfamilien zusammen.
- Die Kinder suchen Wörter heraus, mit denen ein Satz beginnen kann.
- Die Kinder greifen eine vorgegebene Anzahl von Wörtern „blind“ heraus und bringen sie in einen Sinnzusammenhang (auch Unsinn-, Fragesätze sind möglich).
- Die Kinder erstellen füreinander Arbeitsblätter. Dazu schreiben sie Wörter aus beiden Kisten unter Auslassung der Vokale auf. Der Partner setzt die Vokale in den Farben der Könige ein.
- Die Kinder schreiben eine vorgegebene Anzahl von Ausnahmewörtern zu einem Buchstaben auf (z. B. nur ⟨i⟩ geschrieben, obwohl langgesprochen). Sie überprüfen mit den Wortkarten.
- In Partnerarbeit wird versucht möglichst viele Ausnahmewörter zu einem Laut aufzuschreiben, z. B. ⟨v⟩-Wörter (ohne „ver-“ und „vor-“). Die Kinder stellen im Vergleich mit den Wortkarten fest, welche noch fehlen.
- Die Kinder schreiben Wörter mit den Vorsilben „ver-/vor-“ auf. Die Wörter müssen mit der Kiste / dem Wörterbuch verglichen werden.
- Rätsel: „Das Wort steckt im Ausnahmekasten, es fängt mit ‚v‘ an / es wird nur mit ‚i‘ geschrieben / es steckt ein ‚chs‘ darin / es hat hinter dem ‚e‘ noch ein ‚h‘ . . .“
- In einem Lesetext werden alle Ausnahmewörter unterstrichen, von denen man weiß, dass sie im Kasten stecken. Anschließend vergleichen die Kinder mit den Wortkarten.

Umgang mit Fehlern

Das Sammeln eines Grundwortschatzes, der regelmäßige Umgang mit diesen Wörtern und der Versuch, diese Wörter für das Kind rechtschriftlich durchsichtig und damit greifbarer zu machen, haben in den letzten Jahren meine Einstellung zu Fehlern und ihre Bewertung gründlich verändert.
Vom 1. Schuljahr an greife ich auf die Wörter der Kiste zurück und bilde aus ihnen kleine Sätze, die wir aufschreiben. Dabei beginne ich schon früh Hilfen zu geben. Beispiel: Der Hund bellt. Bereits Ende des 1. Schuljahres sage ich, nachdem jedes Kind (der Gruppe / Klasse) den Satz geschrieben hat: „Schau dir das Wort ‚Hund' noch einmal an. Mache es länger, dann weißt du, wie der letzte Buchstabe geschrieben wird." (Verlängerungsübungen sind vorausgegangen.) Das Kind soll sich beim Aufschreiben nicht ausschließlich auf sein Gedächtnis verlassen, sondern durch diese Bemerkung eine rechtschriftliche Hilfe erfahren, die es bei allen ähnlich klingenden Lauten im Auslaut anwenden muss. Selbstverständlich betreiben wir diese Verlängerungsprobe anfangs gemeinsam. Ein Kind nennt auf Grund der Verlängerung den letzten Laut. Im fortgeschrittenen Stadium löst jedes Kind die Aufgabe allein.
Die aufzuschreibenden Sätze werden auch von Kindern mit Hilfe ihrer Wörterkiste bestimmt. Dabei versuchen sie schon ihre Mitschüler auf die Möglichkeit der Verlängerung hinzuweisen.
Ähnlich halte ich es mit Wörtern, in denen ein /i/ steckt. Beispiel: Auf der Wiese ist ein Hase. Nachdem der Satz geschrieben ist, probieren wir gemeinsam, jeder mit seinem Gummibändchen, ob „Wiese" lang- oder kurzgesprochen wird. Das Ergebnis wird genannt, ebenso die Folgerung daraus: „Ich schreibe *Wiese* mit einem langen i (ie)." Zu einem späteren Zeitpunkt genügt es, in einem ähnlichen Fall zu sagen: „Überprüfe das Wort mit dem Gummibändchen." Die Kinder arbeiten dann selbstständig; auch die Entscheidung für ⟨ie⟩ wird allein getroffen. Ich konnte beobachten, dass die Bewegung mit dem Gummibändchen allmählich automatisiert wird. Kinder verzichteten häufig von der zweiten Hälfte des 3. Schuljahres an auf dieses Hilfsmittel. Sie ahmten die Bewegung nur noch mit den Händen nach, manchmal erkannte ich ihren Gedankengang sogar an entsprechenden Kopfbewegungen.
Bei Wörtern, in denen dem langen Vokal ein ⟨h⟩ folgt, sage ich etwa: „*nehmen* – überlege, ob das Wort in deinem Ausnahmekasten steckt."
Grundsätzlich versuche ich dem Kind über das Mitdenken zur bewussten Richtigschreibung zu verhelfen. Das trifft auch auf die Groß- und Kleinschreibung zu. Nachdem die Wortart „Nomen" erarbeitet ist, soll sich das Kind für die Schreibweise entscheiden. Darum sage ich beispielsweise: „*Haus* – überlege, was es für ein Wort ist. Wenn es ein Namenwort ist, schreibe es groß." Um die Konzentration auf das Verb hinzulenken gebe ich den

Hinweis: „*geht* – überlege, was es für ein Wort ist." Anfangs ziehen wir gemeinsam die rechtschriftliche Folgerung, später entscheidet jedes Kind für sich. Mit dem Adjektiv verfahre ich in gleicher Weise.
Ich glaube, auf Grund der Ergebnisse der letzten Jahre sagen zu können, dass sich diese Methode nachhaltig auf die Rechtschreibleistung auswirkt. Die Kinder versuchen nicht, nur bei Diktaten gründlich zu arbeiten, d. h. Fehler zu vermeiden, sondern alle ihre Schreibprodukte sind weniger fehlerhaft als früher. Damals ließ ich Diktate üben. Fleißige Kinder bzw. solche aus einem schulfreundlichen Umfeld und Kinder mit gutem visuellen Gedächtnis schrieben die geübten Diktate recht gut. Durch ihre spontan aufgeschriebenen Geschichten dagegen erhielt man Auskunft über ihr tatsächliches Rechtschreibvermögen.
Das *bewusste* Schreiben beeinträchtigt nach meiner Erfahrung keineswegs die Schreibfreude. Im Gegenteil. Da ich bei Aufsätzen im 3./4. Schuljahr bei fast allen Kindern auf eine Zweitschrift (Reinschrift) verzichten kann, schreiben die Kinder ungehemmt lange Texte. Zur Korrektur dürfen sie jedes Hilfsmittel heranziehen: Wörterkiste, Wörterbuch, Mitschüler, Lehrer . . .
Bei der Durchsicht von Diktaten streiche ich fehlerhaft Geschriebenes sauber durch um damit das Wortbild optisch zu zerstören. Um das Kind auf die korrekte Schreibweise aufmerksam zu machen, setze ich das Wort unter den Text des Kindes und füge, wenn möglich, eine Erläuterung über die Ursache des Fehlers hinzu.
Beispiel: Der ~~Hunt~~ ~~leuft~~ in den Garten.

Hun**d** (verlängere: Hun**d**e)
läuft → **lau**fen

Sollte bei einem Kind eine Fehlerart gehäuft aufgetreten sein, so schreibe ich etwa dazu: Übe die „v"-Wörter (Wörter mit ah . . .) während der freien Arbeit mit einem Mitschüler. Berichtigungen lasse ich nicht anfertigen, da sie m. E. keinen nachhaltigen Übungserfolg bringen.
In meine Korrekturen beziehe ich Geschriebenes jeder Art ein. Sind bei einem Aufsatz Wörter falsch geschrieben worden, die nicht in der Kiste gesammelt sind, aber offensichtlich wichtig für dieses Kind sind – ggf. werden die Wörter für alle Kinder erst später relevant –, so korrigiere ich in der o. a. Form. Das Kind übernimmt dann diese Wörter in seine Sammlung. Auf diese Weise werden die Wörtersammlungen im Laufe der Zeit auch individualisiert.
Wenn man davon ausgeht, dass die Wörter eines zusammengestellten Diktates Elemente des Klassengrundwortschatzes sind, die von *allen* Kindern *ausreichend* geübt wurden, so hat man damit zumindest eine objektivere Basis für die Beurteilung der Rechtschreibleistung als durch im Handel erhältliche Diktate. Ich berücksichtige selbstverständlich, dass bei gleichem Übungsangebot nicht gleiche Ergebnisse für alle erzielt werden können. Dies zeigt auch unsere anzulegende Notenskala. Unsere Fragestellung muss, so meine ich, lauten: Wann hat ein Kind ausreichend geübt? Es ergibt sich hieraus, dass man nicht grundsätzlich die gleiche Anforderung zur selben Zeit an jedes Kind stellen kann. Es ergeben sich naturgemäß Zeitverschiebungen, will man nicht einige Kinder durch ein überzogenes Training langweilen.
Bei ausreichender Übung einer rechtschriftlichen Schwierigkeit sollten die Kinder im Allgemeinen zumindest

eine ausreichende Note erreichen können. Dies ist nicht immer in jedem Fall möglich.
Überdenkt man einmal die lange angewandte Diktatpraxis, so kann man zu dem Ergebnis kommen, dass sie unfair war. Das Diktat enthielt zumeist eine überdurchschnittliche Häufung von Schwierigkeiten – *eine* davon war tagelang geübt, wurde infolgedessen auch weit gehend beherrscht. Trotzdem zeigten die Ergebnisse oft erschreckend viele Mängel bei anderen Fehlerschwerpunkten. Das Bewusstsein für diese Schwierigkeiten war aus dem Blickpunkt des Kindes verdrängt, daher beim Schreiben unbeachtet geblieben. Mit vielen Wörtern war es lange nicht mehr umgegangen, vielleicht waren sie noch nie abrufbar im Gehirn verankert. Die Frustration, die sich aus der Note ergab, obwohl das Kind in einem Teilbereich nachweisbar Fortschritte erzielt hatte, führte selten zu motiviertem, erneuten Üben.
Ein Diktat aus Wörtern des Grundwortschatzes dagegen gibt auch dem rechtschriftlich schwächeren Kind eine Chance, wenn der Lehrer es zu einer dem Kind angemessenen Zeit schreiben lässt.
Bei der Benotung rechne ich Falschschreibungen, die das Kind auf Grund der Übung mit der Wörtersammlung hätte vermeiden können, als Fehler. Ausnahmewörter, die noch nicht als solche erarbeitet wurden, werden zwar korrigiert, aber nicht als Fehler gezählt. Solange ich z. B. die Wörter, die entgegen der Regelung zur Schreibung des langen /i:/ nur mit ⟨i⟩ geschrieben werden, nicht an das Kind herangetragen und entsprechend geübt habe, kann ich die Fehlschreibung „Tieger" auch nicht als Fehler sehen. Im Gegenteil. Diese Schreibweise zeigt, dass das Kind gut nachgedacht hat. Dafür kann man es nicht bestrafen. Ebenso kann ich Falschschreibungen, die nicht durch Ableitung hätten vermieden werden können, nicht in meine Benotung einbeziehen, z. B. Opst, hüpsch (man hört /p/, keine Ableitung möglich).
Ausnahmewörter mit ⟨h⟩ nach einem langen Vokal sind nur dann als Fehler zu sehen, wenn das Kind diese Wörter genügend trainiert hat. Sie sind ja weder ableitbar noch über Reimwörter oder gar auditiv mit Sicherheit erfassbar.
Natürlich bleibt für mich die vorgeschriebene Notenskala die Messlatte für die Benotung. Ich wende sie aber heute nicht mehr auf *irgendeine* Zusammenstellung von Wörtern an, sondern auf dauerhaft geübte Wörter verschiedener Schwierigkeitsgrade.

Durchführung einer Rechtschreibstunde im 4. Schuljahr

Die Kinder lesen leise einen vorgegebenen Text, der im Anschluss daran kurz inhaltlich besprochen wird. Danach erhalten die Kinder je nach Übungsnotwendigkeit Arbeitsaufgaben zugeteilt oder sie wählen ihre Aufgabe frei.

Mögliche Aufträge:

Gruppe A:

Unterstreiche mit Bleistift alle Nomen. Schreibe sie dann mit ihrem Begleiter in dein Heft. (Kontrollblatt A)

Gruppe B:

Unterstreiche mit blauem Stift alle Wörter, in denen ein langes **i** geschrieben ist.

Unterstreiche mit rotem Stift alle Wörter, in denen ein langes **i** gesprochen, aber nicht geschrieben wird. (Kontrollblatt B)

Gruppe C:

Unterstreiche alle langgesprochenen Nomen mit blauem Stift.

Unterstreiche alle kurzgesprochenen Nomen mit rotem Stift.

Schreibe die Wörter in zwei Spalten in dein Heft. Schreibe so:

kurz	lang

(Kontrollblatt C)

Gruppe D:

Schreibe die folgenden Wörter in dein Heft (Anmerkung: sie sind dem Text entnommen). Schreibe dahinter, ob sie kurz- oder langgesprochen werden.

Schreibe so:

sprang: schnelles a, 2 andere, n, g.

Käfig: langes ä, 1 anderer, f. (Kontrollblatt D)

Gruppe E:

Unterstreiche alle Ausnahmewörter, die du findest. Dann vergleiche sie mit dem Ausnahmekasten. (Kontrolle durch L.)

Gruppe F:

Unterstreiche alle Wörter mit „eh". Schreibe sie in dein Heft. Schreibe dann aus dem Gedächtnis alle eh-Wörter auf, die du kennst. Vergleiche mit dem Ausnahmekasten. (Kontrolle durch L.)

Gruppe G:

Partnerarbeit (beide Kinder haben ihre Kisten vor sich stehen):

Zieh aus einer deiner Kisten eine Wortkarte. Dein Mitspieler darf nicht sehen, aus welcher Kiste die Karte stammt. Lies das Wort vor. Dein Mitspieler sagt dir, aus welcher Kiste die Wortkarte stammt, aus der Wortschatzkiste oder aus dem Ausnahmekasten. Wenn ihr keine Lust mehr habt, fertigt füreinander ein „Königsblatt" an. (Anmerkung: Das Kind schreibt eine vorgegebene Anzahl Wörter aus den beiden Kisten unter Auslassung der Vokale auf, z. B. F.hrr.d. Das Blatt wird an den Partner weitergegeben, der die fehlenden Vokale farbig einträgt. Er kontrolliert mit den eigenen Wortkarten. Nach Fertigstellung überprüft der Urheber des Blattes die Lösungen.)

Gemeinsames Spiel:

Alle Vögel fliegen hoch... mit Ausnahmewörtern, z. B. es fliegen alle Wörter, in denen ein „h" steckt...

Häufige Fehlerwörter

Abend
abends
ängstlich
Ärger
ärgern
alle(s)
allein
alt
andere
anders
Angst
Antwort
antworten
auf einmal *
außen *
außer *
außerdem
befehlen
beide
Beispiel *
bekommen
  bekommt
  bekam(en)
belohnen
Bescheid
besser
bisschen
blieben *
bloß
böse
brauchen
da-
dann
das
dass
dem
den
denn
diesem
draußen
dunkel-
Durst
eben
ebenfalls
ebenso
eigentlich
einmal
end-
Ende
endlich
ent-
erschrecken
  erschrak(en)
  erschrocken
erzählen
  erzählt(e)
essen
  isst
  aßen
Essen
fahren
  fährt
  fuhr(en)
Fahrrad (räder)
Fahrt
Fall
fallen
  fällt
  fiel
fehlen
Fehler
Fernsehen
fertig
fressen
  frisst
  fraßen
Frühstück *
gaben
  gibt
ganz
gar
gar kein *
gar nicht *
gehen
  ging(en)
geschehen
  geschah
  geschieht
Glück
größer, größte
große
gucken
  guckte
  geguckt
gut
hält
hast
hat, **-te(n)**,
  hätte
Haus
her, her-
hier
hinauf- *
hinaus-
hinein-
hinterher *
Hunger
hungrig
ich
Idee
ihm
ihn
ihnen
ihr(em), Ihr(em)
im
immer
interessant
Interesse
interessieren
irgend-
jung
Junge
kaputt
keinen, keiner
kennen lernen *
  kannten
klein
können
  kann(st)
  konnte(n)
  könnte
kommen
  komm(s)t
  kamen
  gekommen *

kriegen
kriegt
lachen
lächeln *
lassen
lässt
lass(t)
ließ(en)
leben/Leben *
Lehrer/in
lernen
lesen
liest
las(en)
los-
loslassen
mal
Mal *
man
mehr
mein
meinem/meinen
meiste(ns)
Minute
mit, mit-
Mitte
Mittel
morgen *
Morgen
morgens
müssen
muss(t..)
nach
nachdem
nachmachen
Nachmittag
nächste(n)
nämlich
nah(e)
nehmen
nimm(s)t
nahm(en)
nicht(s)
passieren
passiert
Platz
plötzlich

rauchen
rennen
rannte(n)
rufen
riefen
Ruhe
ruhig
Sache
sagt(e)
schaffen
schlecht
schließlich
schlimm
Schloss
schlossen (ge...)
Schluss
schön
Schreck
schrecklich
schreien
schwarz
sehen
sieh(s)t
sah(en)
sein
seinem, seinen
Seite
selbstständig
sie/Sie
sitzen
saß(en)
gesessen
sollen
soll(st)
sollten
Spaß
spazieren
spaziert
Spiel
spielen
spiel(s)t
stehen
standen
Stein *
Stelle

stellen
stellt(e)
gestellt
Stück
Tag(es)
Tod
tot
und
unser
ver-
vergessen
verlieren
verschieden
viel(e)
vielleicht
vor, vor-
vorbei, vorbei-
wahr
waren
wären
Wasser
Weg
Weihnachten
Weile
weit(er)
wenn
werden
wird
wider
widersprechen
wieder
will
wollte(n)
wir
wissen
weiß(t)
wusste(n) *
wüsste(n) *
Wissen *
Zeit
ziemlich
zu Ende
zuerst
zu Hause
zuletzt
zurück, zurück-
zusammen

Erläuterungen

Die fett gedruckten Wörter sind die häufigsten Fehlerwörter.
Die mit * gekennzeichneten Wörter stehen nicht in der Liste der ca. 1000 häufigen Wörter. Sie sind einem erweiterten Grundwortschatz entnommen (Menzel und Naumann).

Die Zusammenstellung der häufigsten Fehlerwörter ist folgenden Quellen entnommen:
Harlinde Hesse / Klaus R. Wagner, Der Grundwortschatz der Primarstufe, Spectra. Multi Media Verlag, Dorsten, 1. Auflage 1985
Wolfgang Menzel, Rechtschreibunterricht – Praxis und Theorie. Aus Fehlern lernen, Praxis Deutsch, Beiheft, Friedrich Verlag, Seelze 1985
Carl Ludwig Naumann, Rechtschreibwörter und Rechtschreibregelungen, Landesinstitut für Schule und Weiterbildung, Soest, 1. Auflage 1986

Bildnachweis

Katja Mackens-Hassler: S. 44/45
Elke Petersen: S. 16, 17, 18, 19, 33 (rechts), 35, 36, 37, 38, 39, 40, 49, 50, 51, 52, 53 (Zeichnung), 54, 55, 56
Dieter Rixe: Umschlagfoto, S. 53
Alle übrigen Abbildungen sind den angegebenen Quellen entnommen.